urania

Katharina Buss

W0264456

Socken selbst gestrickt

Wir danken der Firma
Schachenmayr
für die hilfreiche Unterstützung
bei diesem Buch.

Bibliografische Information
Der Deutschen Bibliothek
Die Deutsche Bibliothek verzeichnet diese Publikation in der Deutschen Nationalbibliografie; detaillierte bibliografische Daten sind im Internet über http://dnb.ddb.de abrufbar.

Urania Verlag
Verlagsgruppe Dornier
Postfach 80 06 69, 70506 Stuttgart

www.verlagsgruppe-dornier.de
www.urania-verlag.de

Der Urania Verlag ist ein Unternehmen
der Verlagsgruppe Dornier GmbH.

Entwürfe: Katharina Buss,
Barbara Schreyer
Zeichnungen: Katharina Buss
Fotos: Roland Krieg, Waldkirch
Umschlaggestaltung:
Behrend & Buchholz, Hamburg
Redaktion: Hildrun Lachmann
Layout: Leonore Wienstrath,
Ahrensburg
Druck:
Printed in Germany

ISBN 3-332-01281-9

Inhalt

Abkürzungen:

M	Masche
R	Reihe
Rd	Runde
str	stricken
re	rechts/rechte
li	links/linke
wdh	wiederholen

Einleitung

Socken, Socken, Socken. Jede Menge Ideen für handgestrickte Socken finden Sie in diesem Buch. Hier wird Sockenstricken zum kurzweiligen Freizeitvergnügen.

Socken sind schnell gestrickt, dazu haltbarer und viel angenehmer zu tragen als gekaufte Socken – wer einmal in selbst gestrickten Socken herumlief, will keine anderen mehr haben. Fazit: Entweder Sie fangen nie damit an oder Sie hören nie wieder auf.
Damit das Sockenstricken für Sie so einfach wie möglich wird, beginnt das Buch mit einer ausführlichen Grundanleitung. Wenn Sie das Prinzip einmal heraus haben, brauchen Sie, zumindest für glatt rechts gestrickte Socken, eigentlich nur noch die dazugehörenden Tabellen. Hier finden Sie in Kurzform alle notwendigen Angaben wie Maschenzahlen, Längen und Abnahme-Rhythmen für drei verschiedene Garnstärken. Wenn Muster eingestrickt werden, muß natürlich die veränderte Maschenprobe berücksichtigt werden. Nach Fertigstellung des Schafts müssen dann entsprechend Maschen zu- oder abgenommen werden, sodass die Maschenzahlen für Ferse und Fuß wieder passen.
Außerdem finden Sie in der Grundanleitung drei verschiedene Fersenformen und diverse Möglichkeiten für die Ausarbeitung der Spitze.
Wichtig beim Sockenstricken ist auch, dass Sie auf die symmetrische Verteilung der Muster achten. Das einfachste Beispiel: Wenn Sie Schaft und Oberfuß im Rippenmuster stricken, also 2 Maschen rechts und 2 Maschen links im Wechsel, beginnen Sie bei der 1. Nadel in der hinteren Mitte mit 1 Masche rechts.
So ist gewährleistet, dass das Muster beidseitig der glatt rechts gestrickten Sohle mit den gleichen Maschen beginnt und endet. Bei breiteren Mustern ist das besonders wichtig. Weitere Tips dazu finden Sie am Ende der Grundanleitungen und auch in den Anleitungen für die jeweiligen Socken-Modelle.
Und nun wünsche ich Ihnen viel Spaß und Erfolg beim genüsslichen Sockenstricken.

Ihre Katharina Buss

Jetzt geht's rund – denn Socken werden mit einem Nadelspiel in Runden gestrickt. Wenn Sie einmal den Dreh raushaben, ist's ganz einfach. Und da Sie pro Socke nur etwa 50 g Garn brauchen, kommen Sie schnell zum Erfolg.

Sie brauchen ein Nadelspiel mit 5 Nadeln, entweder 20 oder 15 cm lang, etwa 100 g Strumpfwolle und nach Wunsch etwas Beilaufgarn zum Verstärken der Ferse. Dazu noch eine dicke Stopfnadel zum Vernähen der Fäden. Dann kann's losgehen. Selbst gestrickte Socken sind wärmer und bequemer als industriell gefertigte – und außerdem halten sie meist viel länger. Und bei den Farben gibt es mittlerweile eine riesengroße Auswahl – denn die Zeiten der grauen Socken sind endgültig vorbei. Socken mischen jetzt als modische Accessoires beim Outfit mit.

Grundanleitung

Grundsätzlichlich sollten Sie ein Garn verarbeiten, das maschinenwaschbar und strapazierfähig ist, wie die hier verwendete „Regia" von Schachenmayr aus 75% Schurwolle und 25% Polyamid (Achtung: superwash-ausgerüstete Garne sollten nie mit Weichspüler behandelt werden).
Sehr empfehlenswert ist das Verstärken von Ferse und Spitze, denn gerade diese Teile werden stark beansprucht. Besonders bei Sport- und Arbeitssocken sollten Sie darauf nicht verzichten. Die Ferse kann zum einen mit dem Stricken von Hebemaschen verstärkt werden (siehe Seite 10). Außerdem gibt es Beilaufgarne in vielen Farben, die an dieser kritischen Stelle einfach mitgestrickt werden.
Socken werden relativ fest gestrickt. Bei einem Garn mit 210 m Lauflänge („Regia 4-fädig") sollte die Maschenprobe von 30 Maschen und 42 Reihen bzw. Runden unbedingt eingehalten werden. Normalerweise haben Nadeln Nr. 2 1/2 dafür die richtige Stärke; doch wenn Sie locker stricken, sind Nadeln Nr. 2 eventuell besser. Deshalb ist auch bei Socken eine Maschenprobe unbedingt nötig.
Gestrickt wird auf einem Nadelspiel, das aus 5 Nadeln besteht. Die Maschen werden gleichmäßig auf 4 Nadeln verteilt, mit der 5. Nadel wird gestrickt. Der Rundenwechsel ist in der hinteren Mitte; die Ferse wird also über die Maschen der 1. und 4. Nadel und der Spann, die Oberseite des Fußes, über die Maschen der 2. und 3. Nadel gestrickt.
Damit sich beim Übergang von einer Nadel zur anderen keine lockeren Maschen bilden, müssen die ersten 2 Maschen jeder neuen Nadel besonders fest gestrickt werden. Legen Sie die Nadeln so, dass das Ende der benutzten Nadel über der nächsten liegt, und arbeiten Sie mit der neuen Nadel unter der vorherigen. Halten Sie die in Arbeit befindliche Nadel mit Daumen und Zeigefinger so fest, dass die davor liegende Nadel dazwischen liegt.

Größentabellen

Diesen Tabellen (Seite 8) können Sie alle wichtigen Angaben für drei verschiedene Garnstärken entnehmen, wie z. B. Maschenzahl, Fersenhöhe oder Fußlänge. Je nach Muster oder bei schlanken Füßen können Sie durchaus einige Maschen weniger anschlagen, grundsätzlich ist, besonders bei kräftigeren Füßen, eine Abweichung zur nächst größeren Maschenzahl empfehlenswerter. Außerdem finden Sie in den Tabellen die Fußlängen, die Angaben für Fersenbreite und -höhe, die Maschenzahlen für das Käppchen sowie die Reihenangaben für die Abnahmen der Spitze.

Anschlag und Bündchen

Da das Bündchen sehr elastisch sein muss, wird es mit derselben Nadelstärke wie die Socke gestrickt und nicht, wie bei Pullovern oder Jacken, mit dünneren Nadeln. Schlagen Sie deshalb die Maschen mit einer etwas dickeren Nadel oder mit 2 etwas dünneren Nadeln an; der Anschlag muss locker und weit genug sein, damit die Socke leicht über Spann und Ferse gezogen werden kann.

Elastischer als der normale Anschlag ist der runde oder italienische Anschlag. Wenn Sie ihn mit dem Originalgarn arbeiten, schlagen Sie zunächst alle Maschen auf einer Nadel an. In der 1. Reihe stricken Sie dann die rechten Maschen rechts und heben die linken Maschen links ab; dabei in dieser Reihe die Maschen auf 4 Nadeln verteilen und dann die Runde schließen. In der folgenden Runde werden alle linken Maschen links gestrickt, die rechten Maschen links abgehoben. Dann im gewünschten Bündchenmuster weiterarbeiten.
Für weniger Geübte ist eventuell der Anschlag mit kontrastfarbenem Garn einfacher: Schlagen Sie die Hälfte der benötigten Maschen auf etwas dickeren Nadeln mit einer glatten Baumwolle in Kontrastfarbe an. Verknoten Sie die Endfäden. Nun mit der normalen Nadelstärke immer im Wechsel 1 Masche rechts abstricken und 1 Umschlag arbeiten, dabei die Maschen auf die 4 Nadeln verteilen und in Runden weiterarbeiten. In der 1. Runde die rechten Maschen links abheben und die Umschläge links stricken; in der 2. Runde die rechten Maschen rechts stricken und die linken Maschen links abheben. Dann im Bündchenmuster weiterarbeiten.

Sie können auch eine entsprechend lange Luftmaschenkette häkeln, ebenfalls aus glattem Garn. Dann aus den hinteren, quer liegenden Maschenteilen immer im Wechsel 1 Masche rechts herausstricken und 1 Umschlag arbeiten. Dann die 2 folgenden Runden wie beschrieben stricken und im Bündchenmuster weiterarbeiten.
Nach Fertigstellung des Bündchens oder der Socke den kontrastfarbenen Anschlag an einigen Stellen aufschneiden und die Fäden herausziehen.
Normalerweise wird auch der runde Anschlag mit dünneren Nadeln begonnen, doch wie beim „normalen" Anschlag darf der Rand nicht zu fest sein. Probieren Sie zuerst die für die Socken benötigte Nadelstärke; sollte der Rand zu locker werden, verwenden Sie eine halbe Nadelstärke dünner.
(Eine ausführliche Erklärung des runden Anschlags, auch italienischer Anschlag genannt, finden Sie im Großen Ravensburger Strickbuch.)

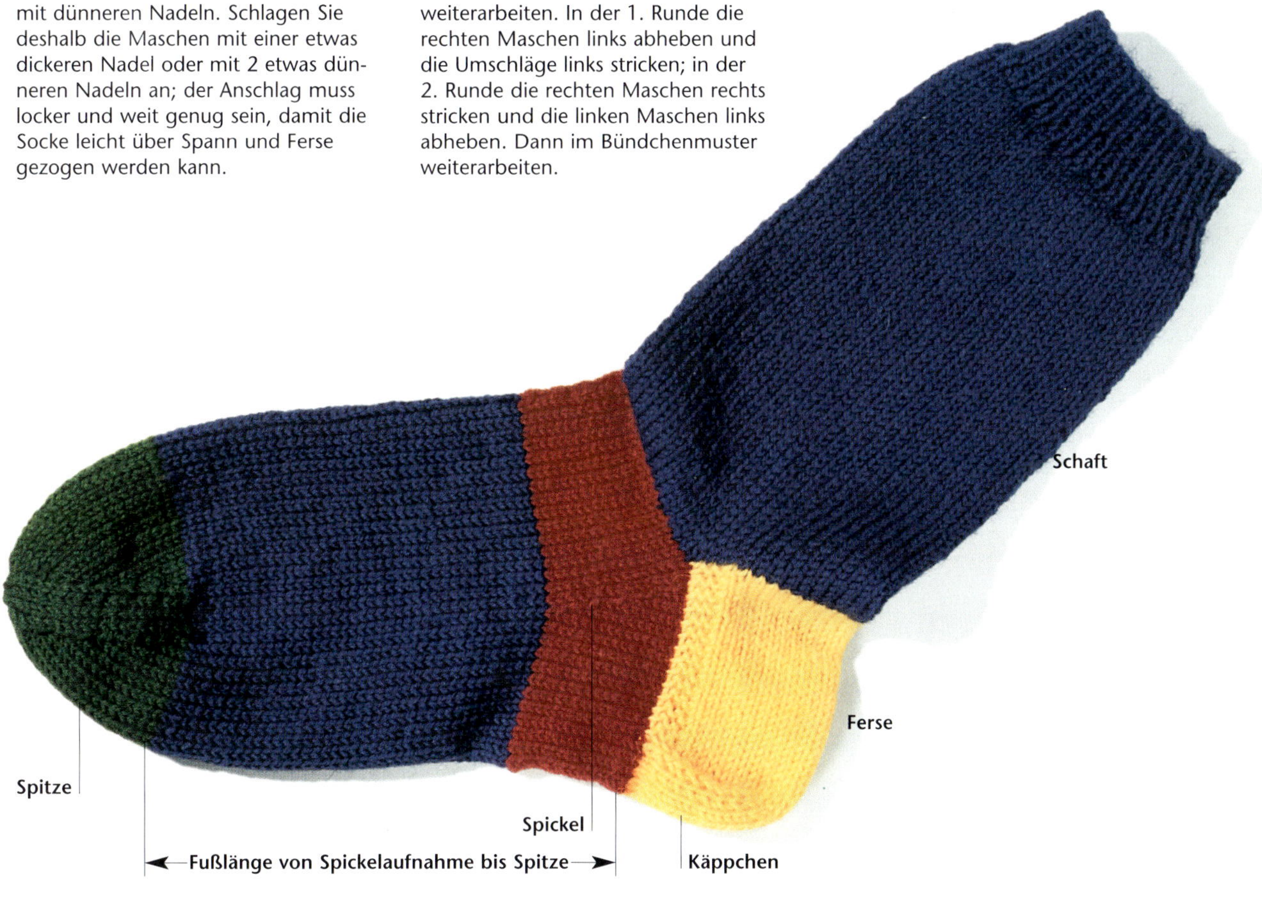

Tabelle für „Regia 3-fädig", Lauflänge = 260 m/50 g
Maschenprobe: 32 Maschen und 46 Reihen bzw. Runden = 10 cm x 10 cm.

Größe	22/23	24/25	26/27	28/29	30/31	32/33	34/35	36/37	38/39	40/41	42/43	44/45	46/47
Maschenanschlag/M-Zahl je Nd	48/12	52/13	52/13	56/14	56/14	60/15	60/15	64/16	64/16	68/17	68/17	72/18	76/19
Maschenzahl für Fersenbreite	24	26	26	28	28	30	30	32	32	34	34	36	38
Reihenzahl für Fersenhöhe	22	24	24	26	26	28	28	30	30	32	32	34	36
Maschenzahl für Käppchen	8/8/8	8/10/8	8/10/8	9/10/9	9/10/9	10/10/10	10/10/10	10/12/10	10/12/10	11/12/11	11/12/11	12/12/12	12/14/12
Maschenaufnahme beidseitig	12	13	13	14	14	15	15	16	16	17	17	18	19
Fußlänge von Fersenmitte bis Spitze in cm	11,5	12	13,5	14	15,5	16,5	17,5	18,5	20	21	22	23	24
Abnahme für Bandspitze nach der 1. Abnahme in der 4. Rd.				1x	1x	1x	1x	1x	1x	1x	1x	1x	1x
in jeder 3. Rd.	1x	1x	1x	1x	1x	1x	1x	2x	2x	2x	2x	2x	2x
in jeder 2. Rd.	3x	4x	4x	3x	3x	4x	4x	4x	4x	4x	4x	5x	5x
in jeder Rd.	5x	5x	5x	6x	6x	6x	6x	6x	6x	7x	7x	7x	8x
Gesamte Fußlänge in cm	14,5	15,5	17	18	19,5	21	22	23,5	25	26,5	27,5	28,5	30

Tabelle für „Regia 4-fädig", Lauflänge = 200 bzw. 210 m/50 g
Maschenprobe: 30 Maschen und 42 Reihen bzw. Runden = 10 cm x 10 cm.

Größe	22/23	24/25	26/27	28/29	30/31	32/33	34/35	36/37	38/39	40/41	42/43	44/45	46/47
Maschenanschlag/M-Zahl je Nd	44/11	48/12	48/12	52/13	52/13	56/14	56/14	60/15	60/15	64/16	64/16	68/17	72/18
Maschenzahl für Fersenbreite	22	24	24	26	26	28	28	30	30	32	32	34	36
Reihenzahl für Fersenhöhe	20	22	22	24	24	26	26	28	28	30	30	32	34
Maschenzahl für Käppchen	7/8/7	8/8/8	8/8/8	8/10/8	8/10/8	9/10/9	9/10/9	10/10/10	10/10/10	10/12/10	10/12/10	11/12/11	12/12/12
Maschenaufnahme beidseitig	11	12	12	13	13	14	14	15	15	16	16	17	18
Fußlänge von Fersenmitte bis Spitze in cm	11,5	12,5	14	14	15,5	17	18	18,5	20	21	22	22,5	24
Abnahme für Bandspitze nach der 1. Abnahme in der 4. Rd.								1x	1x	1x	1x	1x	1x
in jeder 3. Rd.	1x	1x	1x	2x	2x	2x	2x	2x	2x	2x	2x	2x	2x
in jeder 2. Rd.	3x	3x	3x	3x	3x	3x	3x	3x	3x	3x	3x	4x	4x
in jeder Rd.	4x	5x	5x	5x	5x	6x	6x	6x	6x	7x	7x	7x	8x
Gesamte Fußlänge in cm	14,5	15,5	17	18	19,5	21	22	23,5	25	26,5	27,5	28,5	30

Tabelle für „Regia 6-fädig", Lauflänge = 125 m/50 g
Maschenprobe: 22 Maschen und 30 Reihen bzw. Runden = 10 cm x 10 cm.

Größe	22/23	24/25	26/27	28/29	30/31	32/33	34/35	36/37	38/39	40/41	42/43	44/45	46/47
Maschenanschlag/M-Zahl je Nd	32/8	36/9	36/9	40/10	40/10	44/11	44/11	48/12	48/12	52/13	52/13	56/14	56/14
Maschenzahl für Fersenbreite	16	18	18	20	20	22	22	24	24	26	26	28	28
Reihenzahl für Fersenhöhe	14	16	16	18	18	20	20	22	22	24	24	26	26
Maschenzahl für Käppchen	5/6/5	6/6/6	6/6/6	6/8/6	6/8/6	7/8/7	7/8/7	8/8/8	8/8/8	8/10/8	8/10/8	9/10/9	9/10/9
Maschenaufnahme beidseitig	8	9	9	10	10	11	11	12	12	13	13	14	14
Fußlänge von Fersenmitte bis Spitze in cm	12	12	13,5	14	15	16,5	17	18	20	21,5	22,5	23	24,5
Abnahme für Bandspitze nach der 1. Abnahme in der 3. Rd.								1x	1x	1x	1x	1x	1x
in jeder 2. Rd.	2x	3x	3x	3x	3x	4x	4x	4x	4x	4x	4x	4x	4x
in jeder Rd.	3x	3x	3x	4x	4x	4x	4x	4x	4x	5x	5x	6x	6x
Gesamte Fußlänge in cm	14,5	15,5	17	18	19,5	21	22	23,5	25	26,5	27,5	28,5	30

Doppelte Bündchen

Bei Kniestrümpfen empfiehlt sich auch das doppelte Bündchen, in das Sie später Gummiband einziehen können. Stricken Sie dafür 6 bis 10 Runden glatt rechts, dann eine Lochrunde (im Wechsel 1 Umschlag arbeiten und 2 Maschen rechts zusammenstricken), dann wieder 6 bis 10 Runden glatt rechts (in der 1. Runde Maschen und Umschläge rechts stricken). In der folgenden Runde jeweils 1 Masche der Nadel mit 1 Masche des Anschlags rechts zusammenstricken, bei der 4. Nadel die letzten 3 Maschen offen lassen. Oder das Bündchen später nach innen umnähen.
Verwenden Sie für dieses Bündchen Nadeln, die eine halbe Nadelstärke kleiner sind als die für die Socken.
Ein Tipp: Wenn Sie die Maschen später zusammenstricken, sollten Sie den Anschlag mit einer dickeren Nadel stricken, dann mit den dünnen Nadeln weiterarbeiten. Vor dem Zusammenstricken der Maschen heben Sie die Anschlagmaschen auf eine sehr dünne Nadel, legen die beiden Hälften links auf links aufeinander und stricken dann die Maschen rechts zusammen. Damit später ein Gummiband eingezogen werden kann, die ersten oder letzten 3 Maschen nur von der vorderen Nadel abstricken.

Schaft

Wird der Schaft glatt rechts gestrickt, können Sie mit derselben Maschenzahl wie beim Bündchen weiterarbeiten, werden Muster eingestrickt, muss die veränderte Maschenprobe beachtet werden. Für Zöpfe müssen Maschen zugenommen werden, für Lochmuster reichen eventuell weniger Maschen. Auch die Maschenzahl des Rapports ist wichtig. Wenn Sie z. B. einen Musterrapport von 6 Maschen ausgewählt und 60 Maschen angeschlagen haben, wird der Rapport 10-mal gestrickt. Wenn das Muster über den Oberfuß weitergestrickt werden soll, muss die Einteilung vor der Ferse überprüft werden. Verschieben Sie dann den Rundenanfang so, dass für den Oberfuß 5 ganze Muster auf der 2. und 3. Nadel liegen. Hier können Sie auch ein bisschen mogeln – Hauptsache, das Muster beim Oberfuß stimmt.

Die angeschlagenen Maschen werden auf 4 Nadeln des Nadelspiels verteilt. Der Rundenanfang ist in der hinteren Mitte (Fersenmitte) zwischen der 1. und der 4. Nadel.

Die Bündchenlänge variiert je nach Muster und Geschmack. Wenn das Bündchen zur Hälfte nach außen umgeschlagen wird, sollte es jedoch mindestens 6 cm lang sein.

Für den runden oder italienischen Anschlag die Maschen auf einer Nadel anschlagen und erst in der 1. Reihe auf 4 Nadeln verteilen, mit der 2. Reihe die Runde schließen.

Der runde Anschlag ist sehr elastisch, außerdem sieht er von beiden Seiten gut aus, was bei umgeschlagenen Bündchen wichtig ist. Bei Socken hier keine dünneren Nadeln verwenden!

Für das doppelte Bündchen können Sie als Bruchkante die Mäusezähnchenkante (oben) arbeiten oder auch eine Runde linke Maschen stricken. Dann heben Sie die Maschen der Anschlagkante auf eine dünne Nadel, legen den Anschlag nach innen um und stricken beide Maschen rechts zusammen. Für den Gummibandeinzug 3 Maschen nur von der vorderen Nadel stricken.

Ferse

Ferse und Käppchen werden über die Maschen der 1. und der 4. Nadel gearbeitet, die Maschen der 2. und 3. Nadel werden stillgelegt. Legen Sie zunächst die Maschen der 1. und 4. Nadel auf eine Nadel.
Die Ferse wird in Hin- und Rückreihen glatt rechts gestrickt, auf Wunsch jeweils die ersten und letzten 2 bis 3 Maschen kraus rechts stricken.
Die Randmasche sollten Sie in jeder Reihe rechts stricken und relativ fest anziehen. Dann können die Spickelmaschen später aus dem dabei entstandenen kleinen „Knoten" aufgenommen werden, und es entstehen keine Löcher.
Grundsätzlich werden in der Höhe immer 2 Reihen weniger gestrickt, als Maschen auf den 2 Nadeln sind, bei 30 Maschen also 28 Reihen. Bei größeren Größen oder bei hohen Fersen können auch 2 Reihen mehr gestrickt werden, bei kleineren Größen und kurzer Ferse eventuell 2 Reihen weniger (siehe Tabellen, Seite 8).

Verstärkte Fersen

Eine Methode zum Verstärken der Ferse ist das Mitstricken von möglichst gleichfarbigem, dünnem Beilaufgarn (Regia 2-fädig, 410 m/50 g), das in 5-g-Kärtchen angeboten wird.
Verstärkte Fersen können Sie jedoch auch mit abgehobenen Maschen arbeiten. Hier gibt es zwei Möglichkeiten:

Ferse I:

In der 1. Hinreihe über die rechten Maschen im Wechsel 1 Masche wie zum Linksstricken abheben, der Faden liegt dabei hinter der Arbeit, und 1 Masche rechts stricken, in der folgenden Hinreihe das Muster versetzt arbeiten, die vorher gestrickte Masche abheben, die abgehobene Masche der 1. Reihe nun rechts stricken. In den Rückreihen alle Maschen links stricken.

Ferse II:

Bei dieser Ferse wird die 1. Hinreihe wie bei der Ferse I gearbeitet: Im Wechsel 1 Masche wie zum Linksstricken abheben und 1 Masche rechts stricken. In allen folgenden Hinreihen werden immer die gleichen Maschen abgehoben. Auch hier werden in den Rückreihen alle Maschen links gestrickt.

Ferse und Käppchen werden in Reihen über die Maschen der 1. und der 4. Nadel gearbeitet. Diese Teile können Sie auch mit nur 2 Nadeln arbeiten, Sie legen also alle Maschen auf 1 Nadel.

Ferse I: Bei dieser Ferse sind die abgehobenen Maschen in jeder 2. Reihe versetzt gearbeitet. Neben den Randmaschen sind beidseitig jeweils 2 Maschen kraus rechts gestrickt.

Ferse II: Bei dieser Ferse sind die Hebemaschen immer über den gleichen Maschen gearbeitet. Neben den Randmaschen ist beidseitig je 1 Masche kraus rechts gestrickt.

Käppchen

Hier können Sie wählen zwischen geradem, rundem und abgerundetem Käppchen. Die bekannteste Form ist die gerade, die beste Passform hat jedoch das abgerundete Käppchen.

Gerades Käppchen

Für dieses Käppchen werden die Maschen der Ferse in 3 Teile geteilt, bei 30 Maschen also je 10 Maschen pro Nadel. Sollte die Maschenzahl nicht durch 3 teilbar sein, wird der Rest zu den mittleren Maschen gefügt (siehe auch Tabellen).
Weiter in Hin- und Rückreihen stricken: In der 1. Reihe die letzte Masche der 2. Nadel rechts abheben, die 1. Masche der 3. Nadel rechts stricken und die abgehobene Masche überziehen. Die Arbeit wenden. In der 2. Reihe (= Rückreihe) die 1. Masche links abheben, die folgenden Maschen links stricken, die letzte Masche der 2. Nadel mit der 1. Masche der 1. Nadel links zusammenstricken. Die Arbeit wenden. In der 3. Reihe die 1. Masche links abheben, über der letzten Masche der Nadel und der 1. Masche der 3. Nadel wieder 1 Überzug arbeiten. Die 2. und 3. Reihe wiederholen, bis alle Maschen der 1. und 3. Nadel aufgebraucht sind. Die verbleibenden Maschen (hier 10) auf 2 Nadeln à 5 Maschen verteilen = 4. und 1. Nadel. Sie können das Käppchen auch mit 2 Nadeln weiterarbeiten, dann lassen Sie jeweils die äußeren Maschen unbearbeitet.

Das bekannte, gerade Käppchen: Beidseitig der Mittelmaschen wird immer eine Masche der Seitenteile mit der ersten bzw. der letzten Masche des Mittelteils zusammengestrickt.

Rundes Käppchen

Dieses Käppchen, auch Herzferse genannt, hat eine bessere Passform als das bekanntere gerade Käppchen. Wenn die gewünschte Fersenhöhe erreicht ist, markieren Sie zunächst die Fersenmitte und stricken wie folgt:

1. Hinreihe: Bis zur Fersenmitte und die folgende Masche rechts stricken, 1 Überzug (= 1 Masche wie zum Rechtsstricken abheben, 1 Masche rechts stricken und die abgehobene Masche überziehen), 1 Masche rechts stricken, wenden.

1. Rückreihe: Die 1. Masche wie zum Linksstricken abheben, bis zur Fersenmitte und die folgende Masche links stricken (= 3 M), dann 2 Maschen links zusammenstricken und 1 Masche links stricken, wenden.

2. Hinreihe: Die 1. Masche wie zum Linksstricken abheben, bis zur abgehobenen Masche der Vorreihe (= 4 M) stricken, über die abgehobene und die folgende Masche 1 Überzug arbeiten, noch 1 Masche rechts, wenden.

2. Rückreihe: Die 1. Masche wie zum Linksstricken abheben, bis vor die abgehobene Masche der Vorreihe links stricken, dann diese und die folgende Masche links zusammenstricken und 1 Masche links stricken, wenden.

Im gleichen Prinzip weiterarbeiten, bis alle seitlichen Maschen verbraucht sind, dabei mit einer Rückreihe enden.

Bei diesem Käppchen bleiben nach Fertigstellung mehr Maschen auf der Nadel als beim geraden, z. B. 16 Maschen bei 28 Fersenmaschen, 18 Maschen bei 32 Fersenmaschen. Diese zusätzlichen Maschen werden beim Spickel abgenommen, d. h. hier müssen mehr Abnahmen gestrickt werden (siehe Seite 12). Für die gleiche Spannhöhe sollten Sie hier in jeder 2. Runde abnehmen, für einen höheren Spann die Hälfte der Spickelmaschen in jeder 3. Runde, dann in jeder 2. Runde. Zum Schluss muss dieselbe Maschenzahl erreicht sein wie zu Beginn der Ferse.

Abgerundetes Käppchen

Die Ferse mit der besten Passform ist eine Kombination aus geradem und rundem Käppchen. Hier wird über die erste Hälfte, also die innere Hälfte der Fersenmaschen, wie beim runden Käppchen gestrickt, die übrigen wie beim geraden Käppchen.

Wenn Sie z. B. 30 Maschen für die Ferse zur Verfügung haben, beginnen Sie zunächst wie beim runden Käppchen beschrieben. Wenn an beiden Seiten noch 6 oder 7 Maschen übrig sind, arbeiten Sie weiter wie beim geraden Käppchen, arbeiten also in den Hinreihen über die letzte Masche des Mittelteils und die 1. Masche des Seitenteils 1 Überzug und stricken in den Rückreihen die letzte Masche des Mittelteils mit der 1. Masche des Seitenteils links zusammen.

Auch hier bleiben einige Maschen mehr für den Spickel übrig. Arbeiten Sie die Abnahmen dann für den „normalen" Spann zuerst in jeder 3., dann in jeder 2. Runde, für einen hohen Spann nur in jeder 3. Runde.

Ferse mit ungerader Maschenzahl

Bei manchen Mustern ist eine symmetrische Aufteilung nur möglich, wenn für Ferse und Sohle eine ungerade Maschenzahl verwendet wird. Wie z. B. bei den Socken im Jacquardmuster: Das kleine seitliche Muster besteht aus 5 Maschen. 3 Maschen davon werden beidseitig zu den Maschen des Oberfußes, 2 zur Sohle genommen. So wird der Oberfuß mit 1 Masche mehr, Ferse und Fuß mit 1 Masche weniger gestrickt. Das ist kein Problem: Teilen Sie die Fersenmaschen für das gerade Käppchen so auf, dass in der Mitte die höhere Maschenzahl liegt. In diesem Fall, bei 19 Maschen der 1. und 4. Nadel, also 6/7/6 Maschen. Für die hier gearbeitete runde Ferse stricken Sie bis zur Mittelmasche der Ferse, danach dann 2 Maschen rechts zusammen und noch 1 Masche rechts. Wenden, die 1. Masche links abheben, 2 Maschen links stricken, 2 Maschen links zusammenstricken, 1 Masche links stricken, usw. (siehe Anleitung rundes Käppchen).

Wenn Sie, wie hier, die Spitze im Pünktchenmuster stricken, ist die Spitze mit doppelten Abnahmen schöner als die Bandspitze (Erklärung ab Seite 13).

Das runde Käppchen, früher auch Herzferse genannt, passt sich der Fersenform besser an als das gerade Käppchen. Diese Form wird häufig in Nordeuropa gearbeitet.

Die beste Passform hat das abgerundete Käppchen. Mit etwa der Hälfte der Maschen wird zunächst wie beim runden Käppchen, dann weiter wie beim geraden Käppchen gearbeitet.

Für eine symmetrische Musteraufteilung muss die Ferse hier mit einer ungeraden Maschenzahl gestrickt werden. Ideal beim Pünktchenmuster: die Spitze mit doppelten Abnahmen.

Später eingestrickte Ferse

Diese Ferse hat mehrere Vorteile:
1. Bei komplizierten Jacquardmustern können Sie bis zur Spitze gerade hoch weiterarbeiten. Sie müssen lediglich die Reihe bzw. Runde markieren, in der die Ferse eingestrickt werden soll.
2. Meist wird zuerst die Ferse dünn und brüchig, auch wenn vorsorglich die verstärkte Ferse mit Beilauffaden gearbeitet wurde. Hier ist es kein Problem, nur die Ferse zu erneuern.
Stricken Sie in der gewünschten Schafthöhe über die Maschen der 4. und der 1. Nadel, also den Fersenmaschen, eine zusätzliche Reihe rechte Maschen mit einem kontrastfarbigen Faden, möglichst mit glatter Baumwolle, denn diese lässt sich später leichter herausziehen. Dann stricken Sie den Fuß weiter im gewohnten Muster.
Zum Stricken der Ferse legen Sie die Socke mit der Ferse zu Ihnen hin gerichtet hin. Nun ziehen Sie den Faden der zusätzlichen Reihe Masche für Masche aus dem Strickstück und heben die Maschen auf insgesamt 4 Nadeln. Rechts von der Fersenmitte, zum Schaft hin gerichtet, liegt die 1. Nadel, links davon die 2. Nadel.
Auf den zur Spitze gerichteten Nadeln, also der 3. und 4. Nadel, ist eine Masche weniger als auf den zum Schaft hin gerichteten. Stricken Sie mit dem Garn der Grundfarbe in Runden rechte Maschen und nehmen in der 1. Runde aus dem Querfaden einer Seite 1 Masche, aus dem Querfaden der anderen Seite 2 Maschen rechts verschränkt auf. Verteilen Sie die Maschen so, dass auf allen Nadeln dieselbe Maschenzahl ist. Nach 2 bis 3 Runden mit den Abnahmen beginnen. Diese werden genauso gearbeitet wie die der Bandspitze I: Bei der 1. und 3. Nadel 1 Masche rechts stricken, die folgende Masche rechts abheben, 1 Masche rechts stricken und die abgehobene Masche überziehen; bei der 2. und 4. Nadel bis 3 Maschen vor Ende der Nadel stricken, dann 2 Maschen rechts zusammenstricken. Stricken Sie im Wechsel 1 Runde mit Abnahmen und 1 Runde ohne Abnahmen, bis etwa ein Drittel der ursprünglichen Maschenzahl jeder Nadel übrig bleibt. Legen Sie nun die Maschen der 1. und 2. Nadel und der 3. und 4. Nadel auf je eine Nadel und verbinden Sie die Maschen im Maschenstich.

Für die nachträglich eingestrickte Ferse stricken Sie in entsprechender Höhe über die Maschen der 4. und 1. Nadel eine zusätzlich Reihe mit einem kontrastfarbenen Faden aus glattem Garn.

Nach Fertigstellung von Fuß und Spitze den Faden Masche für Masche herausziehen, die Maschen dann wieder auf vier Nadeln verteilen und zunächst 2 bis 3 Runden rechts stricken.

Dann in jeder 2. Runde die Bandabnahmen wie bei der Spitze stricken, bis noch etwa ein Drittel der Maschen auf jeder Nadel liegt. Diese Maschen dann im Maschenstich verbinden.

Spickel

Die Maschen der 1. Nadel stricken, dann aus der Fersenkante aus jeder 2. Reihe (= aus jedem Knötchen der kraus rechts gestrickten Randmasche) 1 Masche aufnehmen. Wenn 28 Reihen gestrickt sind, werden also 14 Maschen aufgenommen. Damit zwischen Ferse und Schaft kein Loch entsteht, zusätzlich aus der Ecke zwischen Fersenkante und Schaft aus dem Querfaden 1 Masche rechts verschränkt zunehmen = insgesamt 15 Maschen. Die Maschen der 2. und 3. Nadel stricken. Bei der 4. Nadel zunächst aus der Ecke 1 Masche rechts verschränkt, dann aus der Fersenkante wieder aus jeder 2. Reihe 1 Masche aufnehmen. Danach die restlichen Maschen abstricken. Auf der 1. und 4. Nadel sind nun mehr Maschen (hier 20), die bei den Spickelabnahmen wieder abgenommen werden. 1 Runde über alle Maschen stricken. Über die Maschen der 1. und 4. Nadel glatt rechts, über die Maschen der 2. und 3. Nadel eventuell ein Muster arbeiten. In der nächsten Runde für die Abnahmen die 2.- und 3.-letzte Masche der 1. Nadel rechts zusammenstricken, die letzte Masche rechts stricken; bei der 4. Nadel die 1. Masche rechts stricken, die 2. Masche rechts abheben, die 3. Masche rechts stricken und die abgehobene Masche überziehen. Dann 1 oder 2 Runden ohne Abnahmen stricken. Diese 2 oder 3 Reihen wiederholen, bis wieder die ursprüngliche Maschenzahl erreicht ist.

Die zusätzlichen Spickelmaschen werden bei der geraden Ferse in jeder 3. Runde abgenommen. Bei der runden Ferse können sie in jeder 2. Runde gearbeitet werden (siehe auch Seite 11).

Spitze

Eine reine Geschmacksfrage ist die Spitze. Ob einfache Spitze, Sternspitze oder Bandspitze – alle sind ganz leicht zu stricken und haben die gleiche gute Passform.

Sternspitze

Bei dieser Spitze werden die Abnahmen gleichmäßig auf alle Maschen verteilt und nicht, wie bei der Bandspitze, an die Seiten verlegt. Hier benötigen Sie je Nadel eine gerade Maschenzahl, teilen diese durch 2 und stricken jeweils die letzten 2 dieser Maschen rechts zusammen. Ein Beispiel: Sie haben auf jeder Nadel 16 Maschen = 2x 8 Maschen.
Nun stricken Sie wie folgt:
1. Abnahmerunde: * 6 Maschen stricken, 2 Maschen rechts zusammenstricken, ab * wiederholen. Dann 6 Runden ohne Abnahmen arbeiten.
2. Abnahmerunde: * 5 Maschen stricken, 2 Maschen rechts zusammenstricken, ab * wiederholen. Danach 5 Runden ohne Abnahmen stricken.
3. Abnahmerunde: * 4 Maschen stricken, 2 Maschen rechts zusammenstricken, ab * wiederholen. Dann 4 Runden ohne Abnahmen stricken.
Im gleichen Prinzip immer 1 Masche weniger zwischen den Abnahmen stricken und so viele Runden ohne Abnahmen arbeiten, wie Maschen zwischen den zusammengestrickten Maschen liegen. Zum Schluss immer 2 Maschen rechts zusammenstricken und die verbleibenden 8 Maschen mit dem Arbeitsfaden fest zusammenziehen.
Wenn eine ungerade Maschenzahl auf der Nadel liegt, in der 1. Abnahmerunde nur die letzten 2 Maschen jeder Nadel rechts zusammenstricken. Dann die Maschen jeder Nadel in 2 Teile teilen und zunächst eine Runde weniger ohne Abnahmen stricken, als Maschen pro Segment vorhanden sind.
Beispiel: Sie haben 15 Maschen auf der Nadel, nehmen in der 1. Abnahmerunde 1 Masche ab = 14 Maschen, also 7 Maschen pro Segment = 6 Runden ohne Abnahmen.

Einfache Spitze

Bei dieser Spitze werden immer am Ende der Nadel 2 Maschen rechts zusammengestrickt. Der Abnahme-Rhythmus ist derselbe wie bei der Bandspitze bzw. wie in den Tabellen (Seite 8) angegeben. Diese Spitze können Sie verkürzen, indem Sie weniger Runden ohne Abnahmen arbeiten, oder auch verlängern, indem Sie mehr Runden ohne Abnahmen arbeiten.

Bandspitze I

Für die Bandspitze werden die Abnahmen bei der 1. und 3. Nadel am Ende, bei der 2. und 4. Nadel am Anfang der Nadel gestrickt:
Bei der 1. und 3. Nadel bis 3 Maschen vor dem Ende stricken, dann 2 Maschen rechts zusammenstricken und die letzte Masche rechts stricken. Bei der 2. und 4. Nadel 1 Masche rechts stricken, die folgende Masche rechts abheben, die 3. Masche rechts stricken und die abgehobene Masche über die 3. Masche ziehen.
Damit eine schöne Rundung entsteht, wird die Reihenzahl ohne Abnahmen immer verringert: Die Abnahmen wie beschrieben bei einigen Größen in der folgenden 4. Runde, dann in jeder 3. Runde, in jeder 2. Runde und in jeder Runde arbeiten (siehe Tabelle).
Wenn Sie eine längere Spitze möchten, können Sie die Reihenzahl zwischen den Abnahmen vergrößern, d. h. häufiger in jeder 4., 3. und 2. Runde abnehmen und weniger oft in jeder Runde.
Wenn Sie eine kürzere Spitze bevorzugen, arbeiten Sie mehr Abnahmen in jeder Runde.
Die letzten 8 Maschen mit dem Arbeitsfaden zusammenziehen oder im Maschenstich verbinden (siehe Tipp Seite 14).

Bei der Sternspitze werden die Maschen jeder Nadel in 2 Teile geteilt und an 8 Stellen, jeweils in der Mitte und am Ende jeder Nadel, je 2 Maschen rechts zusammengestrickt.

Für die einfache Spitze werden die Maschen immer am Ende jeder Nadel rechts zusammengestrickt. Den Abnahme-Rhythmus können Sie den Tabellen auf Seite 8 entnehmen.

Bandspitze I: Ansicht von der Seite. Die Bänder dieser Spitze sind jeweils 4 Maschen breit. Hier sind die Maschen der seitlichen Bänder im Maschenstich verbunden.

Bandspitze II

Diese Bandspitze wird ähnlich wie Bandspitze I gearbeitet, jedoch sind die Bänder 6 statt 4 Maschen breit.
Bei der 1. und 3. Nadel bis 4 Maschen vor Ende der Nadel stricken, dann 2 Maschen rechts zusammenstricken und die letzten 2 Maschen rechts stricken. Bei der 2. und 4. Nadel 2 Maschen rechts stricken, die folgende Masche rechts abheben, die 4. Masche rechts stricken und die abgehobene Masche über die 4. Masche ziehen. Den Abnahme-Rhythmus nach der Tabelle arbeiten, jedoch 1 Runde weniger stricken, bis noch insgesamt 12 Maschen übrig bleiben. Bei dieser Bandspitze sind die Maschen von Oberfuß und Sohle im Maschenstich verbunden.

Bandspitze III

Sie wird wie Bandspitze I gearbeitet, jedoch sind hier die Bänder 8 statt 4 Maschen breit.
Bei der 1. und 3. Nadel bis 5 Maschen vor Ende der Nadel stricken, dann 2 Maschen rechts zusammenstricken und die letzten 3 Maschen rechts stricken. Bei der 2. und 4. Nadel 3 Maschen rechts stricken, die folgende Masche rechts abheben, die 5. Masche rechts stricken und die abgehobene Masche über die 5. Masche ziehen.
Die Abnahmen nach der Tabelle arbeiten, jedoch 2 Runden weniger stricken, bis noch insgesamt 16 Maschen übrig bleiben. Bei dieser Bandspitze sind die Maschen der Bänder im Maschenstich verbunden.

Spitze mit doppelten Abnahmen

Bei einigen Mustern, wie z. B. dem Pünktchenmuster (siehe Seite 62), ist diese Spitze schöner. Sie ist allerdings etwas umständlicher zu arbeiten.
Bei der 1. Nadel stricken Sie bis zu den letzten 2 Maschen, heben diese beiden Maschen zusammen wie zum Rechtsstricken ab, dann stricken Sie mit der 1. Nadel die 1. Masche der 2. Nadel rechts und heben die 2 abgehobenen Maschen darüber. Die neue Masche bleibt auf der 1. Nadel. Im gleichen Prinzip auch über die Maschen der 3. und 4. Nadel arbeiten.
Der Abnahme-Rhythmus ist derselbe wie bei der Bandspitze (siehe Tabelle).

Bandspitze II: Für den etwas kräftigeren Fuß ist diese Spitze besser geeignet. Die Bänder sind insgesamt 6 Maschen breit, die Abnahmen sind jeweils 3 Maschen vom Rand entfernt gearbeitet.

Bandspitze III: Die Bänder dieser Spitze sind 8 Maschen breit. Werden die Maschen der seitlichen Bänder im Maschenstich verbunden, legt sich die Rundung schön über die Zehen.

Die Spitze mit doppelten Abnahmen von oben.

Bandspitze II von der Seite gesehen: Die Maschen der 1. Nadel sind mit denen der 2. Nadel, die der 4. Nadel mit denen der 3. Nadel im Maschenstich verbunden.

Tip zur Fertigstellung der Bandspitze:

Schöner als das einfache Zusammenziehen der letzten Maschen ist das Verbinden der letzten 8 bzw. 12 bzw. 16 Maschen der verschiedenen Bandspitzen im Maschenstich. Dafür gibt es zwei Möglichkeiten:

- Die seitlichen Bänder (= 1. und 2. Nadel und 3. und 4. Nadel) gegeneinander legen oder
- Oberseite und Unterseite (= 4. und 1. Nadel auf 2. und 3. Nadel) gegeneinander legen

und die Maschen im Maschenstich verbinden. Bei der oben abgebildeten Spitze sind die Maschen der seitlichen Bänder, bei der links abgebildeten sind die Maschen von Ober- und Unterseite im Maschenstich verbunden.

Die Spitze mit doppelten Abnahmen von der Seite.

Symmetrische Musteraufteilung

Achten Sie darauf, dass die Muster symmetrisch aufgeteilt sind. Wenn Sie z. B. eine ganze Socke im Rippenmuster (2 Maschen rechts, 2 Maschen links im Wechsel) stricken, beginnen Sie bei der 1. Nadel mit 1 Masche rechts, 2 Maschen links. Ganz gleich, mit welcher Maschenzahl Sie arbeiten – beim Fuß, also der 2. und 3. Nadel, beginnen und enden Sie symmetrisch.
Wenn Muster eingestrickt werden, sollten Sie die Maschen bis zum Beginn der Ferse so aufteilen, dass Sie beim Musterstricken keine Probleme haben. Teilen Sie die Maschen vor der Ferse neu ein, verschieben Sie also den Reihenbeginn um die benötigte Maschenzahl.

Beispiel 1: Bei den Jacquardsocken für die Hüttenschuhe (Anleitung Seite 62) liegt je ein Sternmuster in der hinteren und in der vorderen Mitte. Beim Schaft können Sie die Maschen für ein Muster auf eine Nadel legen, so haben Sie eine bessere Übersicht beim Stricken. Stricken Sie in der letzten Runde des Schafts bis zur letzten Masche der Ferse (die Masche vor der durchgehenden pinkfarbenen Masche) und verteilen dann die Maschen neu. Legen Sie den Faden der Einstrickfarbe zur Seite und arbeiten zunächst die Ferse. Nach den Spickelaufnahmen mit der 1. Nadel stricken Sie mit zwei Fäden über die Maschen der 2. und 3. Nadel. Dann erst schneiden Sie den Einstrickfaden ab. Nun mit dem pinkfarbenen Faden die Spickelaufnahmen und die Maschen der 4. Nadel, also die Hälfte der Fersenmaschen, stricken. Ab hier wird dann wieder mit beiden Fäden gearbeitet. Weitere Tipps für diese Socke finden Sie bei den Fersen auf Seite 11.

Beispiel 2: Das Zackenlochmuster dieser Socke ist 12 Maschen breit (Anleitung Seite 39). Für Größe 38/39 benötigt man also 60 Maschen = 5 Musterrapporte. Hier können Sie mit 4 oder 5 Nadeln des Nadelspiels stricken: Wenn Sie mit 4 Nadeln stricken, legen Sie 12 Maschen, also einen Musterrapport, auf eine Nadel, auf die 2 folgenden Nadeln je 24 Maschen; bei 5 Nadeln legen Sie je 12 Maschen auf 3 Nadeln und auf die 4. Nadel 24 Maschen. Stricken Sie so den Schaft. Vor Beginn der Ferse verschieben Sie die Maschen nun so, dass die Fersenmitte in der Mitte eines Musterrapports liegt, also zwischen der 6. und 7. Masche des Musters. Beim Fuß können Sie dann die 30 Maschen für den Oberfuß auf 1 oder 2 Nadeln heben, stricken über die mittleren 24 Maschen das Lochmuster, beidseitig davon noch 3 Maschen rechts.

Beispiel 3: Beide Muster dieser Socke (Anleitung Seite 16) sind 15 Maschen breit; für Größe 38/39 brauchen Sie 60 Maschen insgesamt. Beim Schaft stricken Sie über die 15 Maschen jeder Nadel ein Muster, vor der Ferse schieben Sie die Maschen so, dass eine Querrippe in der rückwärtigen Mitte liegt.

Umrechnung in kleinere oder größere Größen

Bei glatt rechts gestrickten Socken oder Socken im sehr dehnbaren Rippenmuster ist das Umrechnen kein Problem. Anders ist es bei Mustern mit Rapporten, die mehr als 4 Maschen breit sind. Wie z. B. bei der oben abgebildeten Socke (Anleitung Seite 38). Dieses Lochmuster ist 8 Maschen breit. Die Maschenzahl der Socke muss hier also teilbar sein durch 8, die Socke kann also nur in den Größen 26/27, 34/35 oder 40/41 gestrickt werden.
Bei der unten abgebildeten Socke mit Rippenmuster (Beispiel 3) ist es einfacher: Hier kann jedes Muster um eine oder mehr Maschen verbreitert oder verschmälert werden. Oder Sie lassen das seitliche Muster bei 15 Maschen und verändern nur die Rippenbreite, oder umgekehrt.
Bei den Jacquardsocken (Beispiel 1) können Sie die Socken vergrößern, indem Sie einfach das Pünktchenmuster beidseitig der Sterne erweitern und auch den Fuß im Pünktchenmuster verlängern. Eine Verkleinerung ist hier kaum möglich, da die Länge der Socke durch die Reihenzahl der Sterne vorgegeben ist. Dann können Sie nur den Schaft verlängern und so die Sterne umverteilen. Außerdem muss dann das schmale seitliche Muster verkleinert werden, z. B. auf 3 Maschen oder auch nur die eine pinkfarbene Masche, die dann bis zur Spitze als „Randmasche“ weiterlaufen kann.
Bei Zopfmustern kann es auch gut aussehen, wenn Sie zum Vergrößern in der rückwärtigen Mitte einfach einige Rippen zusätzlich stricken. Oder auch zwischen den Zöpfen jeweils eine linke Masche mehr stricken. Mit etwas Fantasie gibt es eigentlich für jedes Problem eine Lösung.

Selbst gestrickte Socken sind bequem, haltbar und preiswert. Und bei der Farbauswahl und Mustervielfalt gibt es kaum Grenzen. Ob als dezentes Accessoire oder als modischer Blickfang – richtig perfekt wird das Outfit erst mit den passenden Socken.

Wer einmal Socken gestrickt hat, weiß, wie einfach es im Grunde ist. Ob schlicht glatt rechts, mit Rippen- oder Strukturmustern, mit Loch- oder Jacquardmustern – das Prinzip ist immer dasselbe. In den Anleitungen sind alle wichtigen Angaben für die beschriebenen Socken vermerkt. Wie Ferse, Käppchen und Spitze gestrickt werden, entnehmen Sie bitte den Grundanleitungen. Die Maschenprobe für die einzelnen Garnqualitäten ist nur dann erwähnt, wenn sie von den in den Tabellen (Seite 8) angegebenen abweicht.

Alles in Natur

Socken und Kniestrümpfe in Natur passen fast immer. Hier haben Sie die Wahl unter verschiedenen Mustern wie Querrippen, Lochmuster oder Zöpfen. Übrigens: Im Rippenmuster gestrickte Socken sind besonders elastisch und passen sich der Form des Fußes am besten an.

Socken mit Querrippen

Größe: 38/39.
Garn: Regia 4-fädig, 100 g in Natur Nr. 600. Ein Nadelspiel Nr. 2 ½.
Bündchen- und Grundmuster: 2 Rd li M, 2 Rd re M im Wechsel stricken.
Glatt re: Hinr re M, Rückr li M, in Rd nur re M.
Muster mit tiefergestochenen M: über 15 M stricken.
1. Rd: 1 M li, 1 M re, 1 M li, 9 M re, 1 M li, 1 M re, 1 M li.
2. Rd: 1 M li, 1 re M, jedoch 1 Rd tiefer in die M der Vorrd einstechen, die M darüber löst sich auf (= TM), 1 M li, * 1 M re, 1 TM, ab * 4x str, 1 M re, 1 M li, 1 TM, 1 M li.
3. Rd: Wie die 1. Rd. str.
4. Rd: 1 M li, 1 TM, 1 M li, * 1 TM, 1 M re, ab * 4x str, 1 TM, 1 M li, 1 TM, 1 M li.
Die 1. bis 4. Rd stets wiederholen.

Anleitung: 60 M anschlagen und 14 Rd im Bündchenmuster str. Nun für den Schaft über der 1. und 3. Nadel im Grundmuster, über die M der 2. und 4. Nadel im Muster mit tiefergestochenen M str. In 20 cm Höhe die M so verteilen, dass 15 M im Grundmuster in der vorderen Mitte liegen. Nun die Ferse str, dann über den mittleren 23 M des Oberfußes wie bisher arbeiten, alle übrigen M glatt re stricken.

Kniestrümpfe mit Zöpfen

Größe: 38/39.
Garn: Regia 6-fädig Tweed, 150 g in Natur Nr. 02. Ein Nadelspiel Nr. 3 1/2.
Bündchenmuster: 2 M re, 2 M li im Wechsel stricken.
Glatt re: Hinr re M, Rückr li M, in Rd nur re M.
Glatt li: Hinr li M, Rückr re M, in Rd nur li M.
Rhomben-Zopfmuster: Siehe Strickschrift. Es sind nur die ungeraden Rd gezeichnet, in den geraden Rd, wenn nicht anders angegeben, die M str, wie sie erscheinen. Gezeichnet ist 1x die Höhe bis zur Ferse. Für den Oberfuß die letzten 32 Rd (= 64. bis 96. Rd) wiederholen.
Maschenprobe: 25 M und 34 R bzw. Rd = 10 cm x 10 cm.

Anleitung: 80 M anschlagen und 6 cm im Bündchenmuster str, bei der 1. Nadel beginnen mit 1 M li. In der letzten Rd das Bündchen nach der Strickschrift str (= die 1. R der Zeichnung), den Rapport von 40 M 2x arbeiten und wie gezeichnet insgesamt 4 M zunehmen = 84 M. Die Abnahmen ebenfalls nach Schema str, ab der 67. Rd bei der Ferse (4. Nadel) das Muster gegengleich beenden. Nach den 96 Rd über die 26 M der 1. und 4. Nadel die Ferse arbeiten. Weiter in Rd str, über die 28 M des Oberfußes weiter im Muster wie gezeichnet, die Spickel-M und die 26 M der Sohle glatt li str. In der letzten Rd vor der Spitze über der 2. und 3. Nadel je 2 M re zusammenstricken = 13 M je Nadel.

Strickschrift für das Rhomben-Zopfmuster

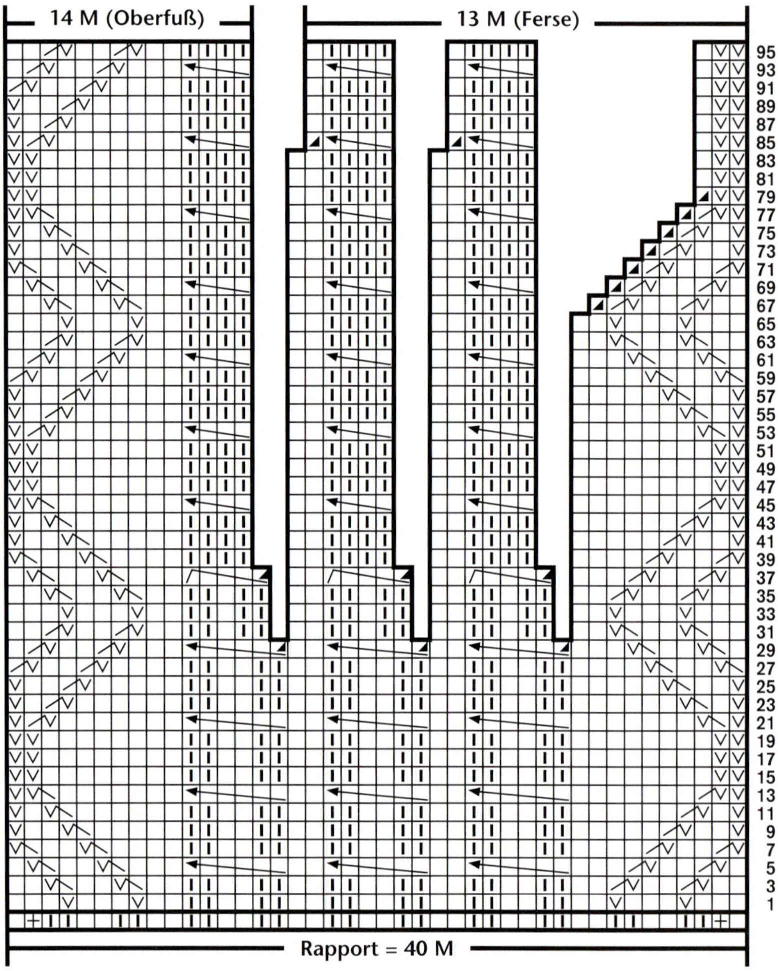

□ = li M
I = re M
V = in den ungeraden Rd die M li abheben, in den geraden Rd die M re str
+ = in der letzten Bündchen-Rd 1 M li verschränkt aus dem Querfaden zunehmen
◢ = 2 M li zusammenstricken
= 3 M auf einer Hilfsnadel vor die Arbeit legen, 2 M re und 1 M li str, dann die M der Hilfsnadel 1 M li und 2 M re str
= 2 M auf einer Hilfsnadel vor die Arbeit legen, 2 M re, dann die M der Hilfsnadel re str
= 2 M auf einer Hilfsnadel vor die Arbeit legen, 2 M re str und 2 M li zusammenstricken, dann die M der Hilfsnadel re str
= 2 M auf einer Hilfsnadel vor die Arbeit legen, 1 M re str und 2 M re zusammenstricken, dann die M der Hilfsnadel re str
= 1 M auf einer Hilfsnadel vor die Arbeit legen, 1 M li, dann die M der Hilfsnadel li abheben, in der folgenden Rd 1 M li und 1 M re str
= 1 M auf einer Hilfsnadel hinter die Arbeit legen, 1 M li abheben, dann die M der Hilfsnadel li str, in der folgenden Rd 1 M re und 1 M li str

Socken mit Rippenmuster

Größe: 40/41.
Garn: Regia 4-fädig Tweed, 100 g in Natur Nr. 2956. Ein Nadelspiel Nr. 2 1/2.
Glatt re: Hinr re M, Rückr li M, in Rd nur re M.
Rippenmuster: 2 M re, 2 M li im Wechsel stricken.

Anleitung: 64 M anschlagen und 18 cm im Rippenmuster str, bei der 1. Nadel mit 1 M re, 2 M li beginnen. Ferse und Käppchen glatt re str. Dann über die M der 1. und 4. Nadel glatt re, über die M der 2. und 3. Nadel im Rippenmuster weiterarbeiten. Die Spitze glatt re stricken.

Socken mit Stulpe im Lochmuster

Größe: 38/39.
Garn: Regia 6-fädig, 100 g in Leinenmeliert Nr. 2143.
Ein Nadelspiel Nr. $3^{1}/_{2}$.
Glatt re: Hinr re M, Rückr li M, in Rd nur re M.
Lochmuster I: Siehe Strickschrift. Es sind nur die ungeraden Rd gezeichnet, in den geraden Rd alle M und Umschläge re stricken.
Lochmuster II: 1. bis 3. Rd: Re str.
4. Rd: * 2 M re, 2 M re zusammenstricken, 1 Umschlag, 2 M re, ab * wiederholen.
5. bis 7. Rd: Re str.
8. Rd: * 2 M re, 1 Umschlag, 1 M re abheben, 1 M re str und die abgehobene M überziehen, 2 M re, ab * wiederholen.
Die 1. bis 8. Rd stets wiederholen.

Anleitung: 50 M anschlagen, 3 Rd re M, 1 Rd Mäusezähnchen und 3 Rd re M str. In der nächsten Rd die Anschlag-M mit den M auf der Nadel re zusammenstricken. Noch 1 Rd re M str, dann im Lochmuster die 1. bis 20. Rd, noch mal die 1. bis 3. Rd und noch 2 Rd re M str. Dann für die 2. Mäusezähnchenkante wieder 3 Rd re M, 1 Rd Mäusezähnchen und 3 Rd re M str, in der folgenden Rd die M mit den Querfäden der 1. Mäusezähnchen-Rd zusammenstricken. Weiter noch 3 cm glatt re str, dabei in der 1. Rd 2x 2 M re zusammenstricken = 48 M. Dann die Arbeit wenden und auf der Rückseite im Lochmuster II weiterarbeiten. In 13 cm ab Lochmuster II die Ferse arbeiten. Beim Fuß über die M der 2. und 3. Nadel weiter im Muster str. Die Spitze glatt re stricken.

Strickschrift für Lochmuster I

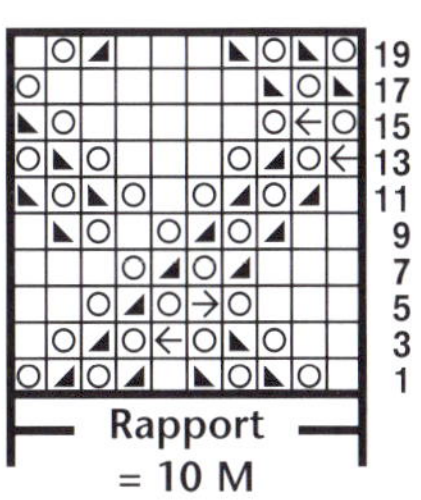

□ = re M
◣ = 1 M re abheben, 1 M re str und die abgehobene M überziehen
⊡ = Umschlag
◢ = 2 M re zusammenstricken
→ = 3 M re zusammenstricken
← = 1 M re abheben, 2 M re zusammenstricken und die abgehobene M überziehen

Socken mit Zöpfen

Größe: 40/41.
Garn: Regia 4-fädig Tweed, 100 g in Natur Nr. 2956. Ein Nadelspiel Nr. $2^{1}/_{2}$.
Bündchenmuster: 2 M re, 2 M li im Wechsel str.
Glatt re: Hinr re M, Rückr li M, in Rd nur re M.
Zopfmuster: M-Zahl teilbar durch 12.
1. bis 5. Rd: * 2 M li, 8 M re, 2 M li, ab * wiederholen.
6. Rd: * 2 M li, 4 M auf einer Hilfsnadel vor die Arbeit legen, 4 M re, dann die M der Hilfsnadel re str, 2 M li, ab * wiederholen.
7. bis 12. Rd: Wie die 1. Rd. str.
Die 1. bis 12. Rd stets wiederholen.

Anleitung: 84 M anschlagen, die M auf das Nadelspiel verteilen und 6 cm im Rippenmuster str, bei der 1. Nadel mit 1 M re, 2 M li beginnen. In 26 cm Höhe über den ersten und letzten 23 M jeweils 7x 2 M re zusammenstricken = 16 M auf der 1. und 4. Nadel und über diese 32 M die Ferse arbeiten. Weiter beim Fuß über die 38 M der 2. und 3. Nadel im Zopfmuster arbeiten, die übrigen M weiter glatt re str. Vor der Spitze über der 2. und 3. Nadel je 3x 2 M re zusammenstricken = 16 M je Nadel. Die Spitze glatt re stricken.

Mit Neonfarben

Zeigen Sie Mut zur Farbe. Neonfarben machen hier müde Füße munter. Und das nicht nur bei den Kleinen! Das Muster mit Hebemaschen können Sie in fast jeder Größe stricken. Die Maschenzahl muss nur durch 6 teilbar sein. Wer's dezenter mag: Machen Sie einmal eine Maschenprobe in Grau mit Schwarz oder in Natur- und Brauntönen – dann wirkt dieses einfache Muster sehr edel.

Socken mit Hebemaschen in bunten Farben

Größe: 26/27.
Garn: Regia 4-fädig, je 50 g in Marine Nr. 324, Neongrün Nr. 626, Orange Nr. 631, Lila Nr. 2098, Pink Nr. 627 und Gelb Nr. 612.
Ein Nadelspiel Nr. 2¹/₂.
Bündchenmuster: 1 M re, 1 M li im Wechsel stricken.
Glatt re: Hinr re M, Rückr li M; in Rd nur re M.
Muster mit Hebemaschen: M-Zahl teilbar durch 6.
Glatt re mit Hebemaschen nach der Strickschrift, dabei im Wechsel je 2 Rd in Marine und Farbe stricken.
Die 1. bis 8. Rd stets wiederholen.
Für **Farbe** immer im Wechsel Lila, Orange, Neongrün, Pink und Gelb verwenden.

Strickschrift für die Socken mit Hebemaschen

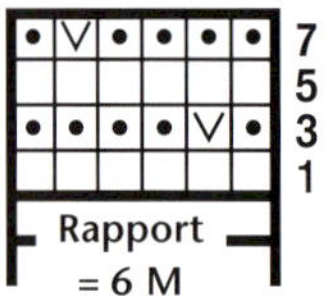

□ = re M in Marine
⊡ = re M in Farbe
☑ = Hebemasche, der Faden ist hinter der Arbeit

Anleitung: 48 M in Marine anschlagen und 3 cm im Bündchenmuster str. Glatt re in der Streifenfolge weiter. In 15 cm Höhe die Ferse in Marine str, dann weiter im Grundmuster, beim Oberfuß im Muster, die Sohlen-M nur glatt re. Die Spitze in Marine stricken.

Socken mit Hebemaschen in Grüntönen

Größe: 38/39.
Garn: Regia 4-fädig, 100 g in Marine Nr. 324 und je 50 g in Grün Nr. 2082 und Neongrün 626.
Ein Nadelspiel Nr. 2¹/₂.
Bündchenmuster: 1 M re, 1 M li im Wechsel stricken.
Glatt re: Hinr re M, Rückr li M; in Rd nur re M.
Muster mit Hebemaschen: M-Zahl teilbar durch 6.
Glatt re nach der Strickschrift, dabei im Wechsel je 2 Rd in Marine, Grün, Marine und Neongrün stricken.

Anleitung: 60 M in Marine anschlagen und 3 cm im Bündchenmuster str. Glatt re in der Streifenfolge weiter. In 15 cm Höhe die Ferse in Marine str, dann weiter im Grundmuster, beim Oberfuß im Muster, die Sohlen-M nur glatt re. Die Spitze in Marine stricken.

Socken mit Streifen

Größe: 38/39.
Garn: Regia 4-fädig, je 50 g in Marine Nr. 324, Grün Nr. 2082, Neongrün Nr. 626, Lila Nr. 2098, Pink Nr. 627, Orange Nr. 631 und Gelb Nr. 612.
Ein Nadelspiel Nr. 2¹/₂.
Bündchenmuster: 1 M re, 1 M li im Wechsel stricken.
Glatt re: Hinr re M, Rückr li M; in Rd nur re M.
Streifenfolge: 4 Rd in Marine, * je 2 Rd in Grün und Neongrün, 6 Rd in Marine, je 2 Rd in Lila und Pink, 6 Rd in Marine, je 2 Rd in Orange und Gelb, 6 Rd in Marine, ab * wiederholen (30 Rd).

Anleitung: 60 M in Marine anschlagen und 3 cm im Bündchenmuster str. Glatt re in der Streifenfolge weiter. In 24 cm Höhe (= 90 R glatt re) die Ferse in Marine str, dann weiter im Streifenmuster. Die Spitze in Marine stricken.

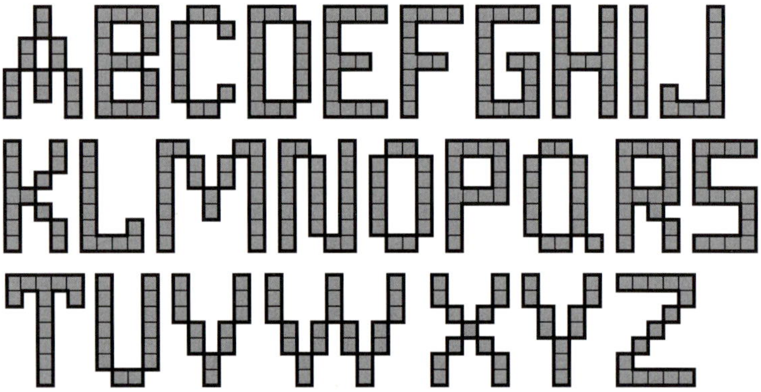

Spruchreif bestickt

Ob lustige Sprüche oder Namen, ob in Reih und Glied wie hier oder über die ganze Socke verteilt – das ganze Alphabet gibt Ihnen jede Möglichkeit. Lassen Sie zwischen jedem Buchstaben eines Wortes eine Masche, zwischen ganzen Wörtern jeweils 3 Maschen frei.

Socke NOT AMUSED

Größe: 38/39.
Garn: Regia 4-fädig, 100 g in Minze Nr. 2059 und ein Rest in Weiß Nr. 600. Ein Nadelspiel Nr. $2^1/_2$.
Bündchenmuster: 1 M re, 1 M li im Wechsel stricken.
Glatt re: Hinr re M, Rückr li M; in Rd nur re M.
Rippenmuster: 3 M re, 1 M li im Wechsel stricken.
Maschenprobe: Gedehnt gemessen: 30 M und 42 Rd = 10 x 10 cm.
Schriftzug: Im Maschenstich aufsticken. 1 Kästchen = 1 M.

Anleitung: 60 M in Minze anschlagen und 4 cm im Bündchenmuster str. Weiter im Rippenmuster str, bei der 1. Nadel beginnen mit 1 M re, 1 M li. Nach 15 cm im Rippenmuster die Ferse str. Beim Fuß über die M der 1. und 4. Nadel glatt re, über die M der 2. und 3. Nadel im Rippenmuster str. Auf die Sohle, etwa in die Mitte der M der 1. bzw. 4. Nadel, NOT AMUSED in Weiß nach der Zeichnung sticken.

Socke NO COMMENT

Größe: 40/41.
Garn: Regia 4-fädig, 100 g in Natur Nr. 1992, ein Rest in Smaragd Nr. 2051. Ein Nadelspiel Nr. $2^1/_2$.
Bündchenmuster: 1 M re, 1 M li im Wechsel stricken.
Glatt re: Hinr re M, Rückr li M; in Rd nur re M.
Zopf über 8 M: 1 M glatt li, 6 M glatt re, 1 M glatt li. Die 6 M in der 3. R, dann in jeder 6. R verkreuzen = 3 M auf einer Hilfsnadel vor die Arbeit legen, 3 M re, dann die M der Hilfsnadel re str.
Maschenprobe: Gedehnt gemessen: 30 M und 42 R bzw. Rd = 10 x 10 cm.
Schriftzug: Im Maschenstich aufsticken. 1 Kästchen = 1 M.

Anleitung: 64 M in Natur anschlagen und 10 cm im Bündchenmuster str. Glatt re weiter, über jeweils 8 M an beiden Seiten den Zopf str. Nach 15 cm ab Bündchen Ferse und Fuß arbeiten. Auf die Sohle, etwa in die Mitte der M der 1. bzw. 4. Nadel, NO COMMENT in Smaragd nach der Zeichnung sticken.

Socke CHEESE ONLY

Größe: 38/39.
Garn: Regia 4fädig, 100 g in Minze Nr. 2059 und 50 g in Smaragd Nr. 2051. Ein Nadelspiel Nr. $2^1/_2$.
Bündchenmuster: 1 M re, 1 M li im Wechsel stricken.
Glatt re: Hinr re M, Rückr li M; in Rd nur re M.
Maschenprobe: Gedehnt gemessen: 30 M und 42 R bzw. Rd = 10 x 10 cm.
Schriftzug: Im Maschenstich aufsticken. 1 Kästchen = 1 M.

Anleitung: 60 M in Smaragd anschlagen und 4 cm im Bündchenmuster str. Glatt re weiter 12 Rd in Minze und 4 Rd in Smaragd im Wechsel. Nach 15 cm (= 60 R) ab Bündchen die Ferse in Smaragd, den Fuß in Minze und die Spitze in Smaragd arbeiten.
Auf die Sohle, etwa in die Mitte der M der 1. bzw. 4. Nadel, CHEESE ONLY in Smaragd nach der Zeichnung sticken.

NO COMMENT
Soll der Zopf beidseitig genau in der Mitte sein, müssen jeweils die letzten 4 Maschen der 1. bzw. 3. Nadel mit den ersten 4 Maschen der 2. bzw. 4. Nadel verkreuzt werden. Verlegen Sie dafür den Rundenbeginn, sodass Sie die Maschen auf einer Nadel verkreuzen können. Vor der Ferse dann die Maschen wieder so hinschieben, dass der Rundenbeginn in der hinteren Mitte liegt.

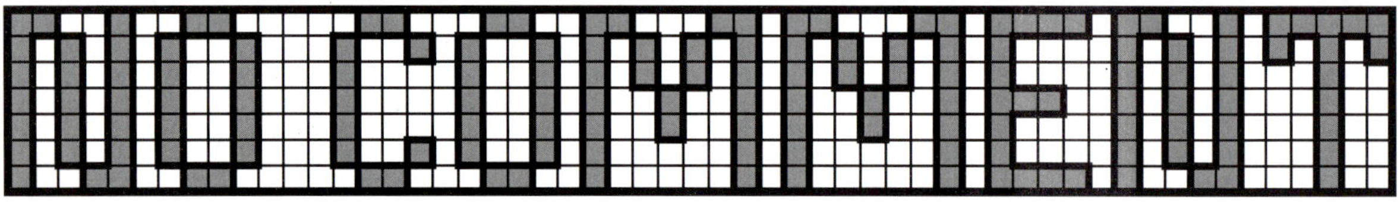

NOT AMUSED
NO COMMENT
CHEESE ONLY

Lauter kleine Bären

Käthe Kruse würde sich freuen, denn hier gibt's was für alle großen und kleinen Bärenfreunde: fünf Sockenpaare, alle nach dem Stricken bärenstark bestickt. Für die Stickereien können Sie auch Garnreste bestens verwenden. Achten Sie in diesem Fall da-

Kindersocken mit Bär im Handstand

Kindersocken mit zwei Bären

rauf, dass diese Reste ebenso pflegeleicht sind wie das Sockengarn selbst. Verwenden Sie zum Sticken eine stumpfe Sticknadel. Legen Sie außerdem vor dem Sticken etwas Pappe oder gefaltetes Papier in den Schaft, damit Sie nicht aus Versehen die Maschen der gegenüber liegenden Sockenseite mit erfassen.

Damensocken mit aufgestickten Bärenköpfen

Kindersocken mit Bärenpärchen

Kindersocken mit Bär in Latzhose

Kindersocken mit zwei Bären

Größe: 38/39.
Garn: Regia 4-fädig, 100 g in Hellblau Nr. 1945 und je 50 g in Weiß Nr. 600, Beige Nr. 861, Braun Nr. 2693, Nougat Nr. 2145 und ein kleiner Rest in Dunkelbraun. Ein Nadelspiel Nr. 2 1/2. Eine Sticknadel mit stumpfer Spitze.
Bündchenmuster: 2 M re, 2 M li im Wechsel stricken.
Glatt re: Hinr re M, Rückr li M, in Rd nur re M.
Einstrickmuster: Glatt re stricken.
1. Rd: * 1 M in Weiß, 3 M in Hellblau, ab * wiederholen.
2. und 4. Rd: In Blau stricken.
3. Rd: * 2 M in Hellblau, 1 M in Weiß, 1 M in Hellblau, ab * wiederholen.
5. Rd: Wie die 1. Rd stricken.
Zwei Bären: Im Maschenstich nach dem Stickmuster sticken.

Anleitung: 60 M in Hellblau anschlagen und 6 cm im Bündchenmuster str. Glatt re weiter 5 Rd Einstrickmuster, 40 Rd in Hellblau und 5 Rd Einstrickmuster, dann Ferse und Fuß in Hellblau arbeiten.
Die zwei Bären jeweils seitlich in die Mitte des Schafts sticken.

Kindersocken mit Bär im Handstand

Größe: 26/27.
Garn: Regia 4-fädig, je 50 g in Hellgelb Nr. 2060, Hellblau Nr. 1945, Weiß Nr. 600, Pink Nr. 2017, Beige Nr. 861, Nougat Nr. 2145 und ein kleiner Rest in Schwarz. Ein Nadelspiel Nr. 2 1/2. Eine Sticknadel mit stumpfer Spitze.
Glatt li: Hinr li M, Rückr re M, in Rd nur li M.
Glatt re: Hinr re M, Rückr li M, in Rd nur re M.
Handstand-Bär: Im Maschenstich nach dem Stickmuster sticken. 1 Kästchen = 1 M.

Anleitung: 48 M in Hellgelb anschlagen und 6 Rd glatt li str. Glatt re weiter im Wechsel je 4 Rd in Hellblau und Hellgelb str. Nach 48 Rd die Ferse in Hellblau str. Weiter den Fuß in der Streifenfolge, dann die Spitze in Hellblau arbeiten.
Die Handstand-Bären etwa 3 Rd oberhalb der Ferse auf die Seiten des Schafts sticken.

Kindersocken mit Bär in Latzhose

Größe: 30/31.
Garn: Regia 4-fädig, je 50 g in Hellblau Nr. 1945, Weiß Nr. 600, Gelb Nr. 2041, Beige Nr. 861, Braun Nr. 2693 und ein kleiner Rest in Dunkelbraun. Ein Nadelspiel Nr. 2 1/2. Eine Sticknadel mit stumpfer Spitze.
Glatt li: Hinr li M, Rückr re M, in Rd nur li M.
Glatt re: Hinr re M, Rückr li M, in Rd nur re M.
Bär mit Latzhose: Im Maschenstich nach dem Stickmuster sticken.

Anleitung: 48 M in Weiß anschlagen und 6 Rd glatt li str. Glatt re weiter 48 Rd in Hellblau, dann die Ferse in Weiß str. Weiter den Fuß in Hellblau, dann die Spitze in Weiß arbeiten.
Die Bären mit Latzhose auf die Seite des Schafts oberhalb der Ferse im Maschenstich aufsticken. Die Hosenträger und die Tasche im Stielstich, die Knöpfe im Knötchenstich in Beige sticken.

Stickmuster für die zwei Bären

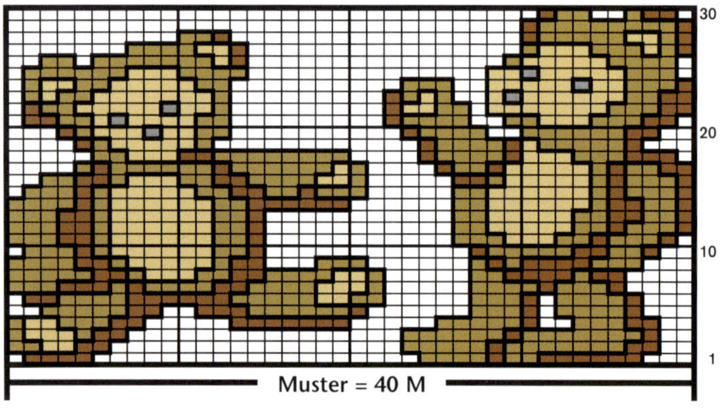

Stickmuster für den Handstand-Bär

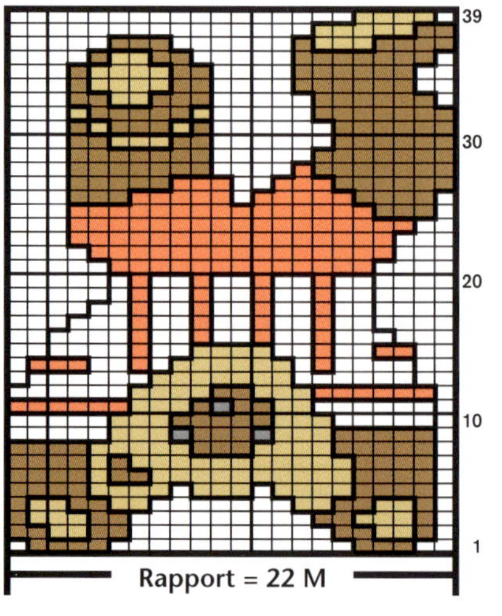

Damensocken mit Bärenköpfen

Größe: 38/39.
Garn: Regia 4-fädig, 100 g in Natur Nr. 1992, je 50 g in Beige Nr. 861 und Braun Nr. 2693. Ein Nadelspiel Nr. 2¹/₂. Eine Sticknadel mit stumpfer Spitze.
Glatt li: Hinr li M, Rückr re M, in Rd nur li M.
Glatt re: Hinr re M, Rückr li M, in Rd nur re M.
Bärenköpfe: Im Maschenstich nach dem Stickmuster sticken. 1 Kästchen = 1 M. Mit dem unteren Bären beginnen und die 1. bis 11. R sticken, dann die 12. bis 33. R wiederholen.

Anleitung: 60 M in Beige anschlagen und 6 Rd glatt li str. Glatt re weiter 68 Rd (= 16 cm) in Natur, dann die Ferse in Beige str. Weiter den Fuß in Natur und zum Schluss die Spitze in Beige arbeiten.
Die Bärenköpfe aufsticken, dabei mit dem linken Bärenkopf in der vorderen Mitte beginnen. Nach Wunsch noch einen einzelnen Bären auf den Fuß sticken.

Kindersocken mit Bärenpärchen

Größe: 26/27.
Garn: Regia 4fädig, je 50 g in Weiß Nr. 600, Hellblau Nr. 1945, Hellgelb Nr. 2060, Beige Nr. 861, Braun Nr. 2693 und ein kleiner Rest in Schwarz. Ein Nadelspiel Nr. 2¹/₂. Eine Sticknadel mit stumpfer Spitze.
Bündchenmuster: 2 M re, 2 M li im Wechsel stricken.
Glatt re: Hinr re M, Rückr li M, in Rd nur re M.
Bärenpärchen: Im Maschenstich nach dem Stickmuster sticken. 1 Kästchen = 1 M.

Anleitung: 48 M in Hellblau anschlagen und 6 cm im Bündchenmuster str. Glatt re weiter 48 Rd in Weiß, dann die Ferse in Hellblau str. Weiter den Fuß in Weiß und zum Schluss die Spitze in Hellblau arbeiten.
Die Bären in die Mitte des Schafts so aufsticken, dass ein Bär nach vorn, einer nach hinten sieht. Auf die Nase der Bären einen kleinen senkrechten Strich in Schwarz im Stielstich sticken.

Stickmuster für den Bären mit Latzhose

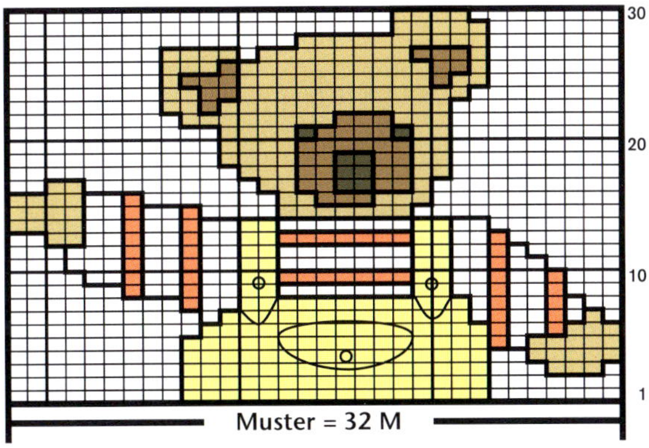

Stickmuster für die Bärenköpfe

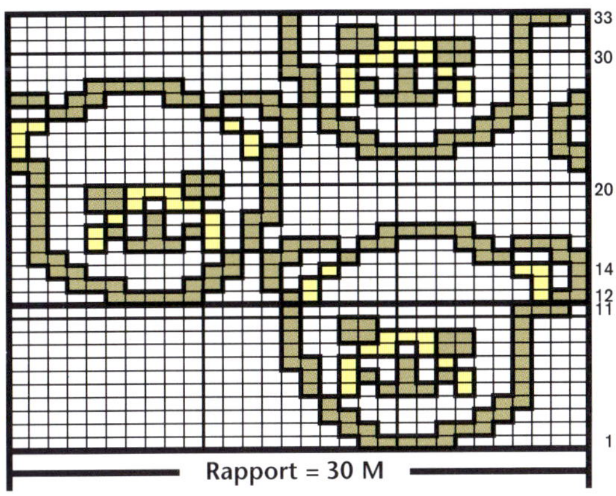

Stickmuster für das Bärenpärchen

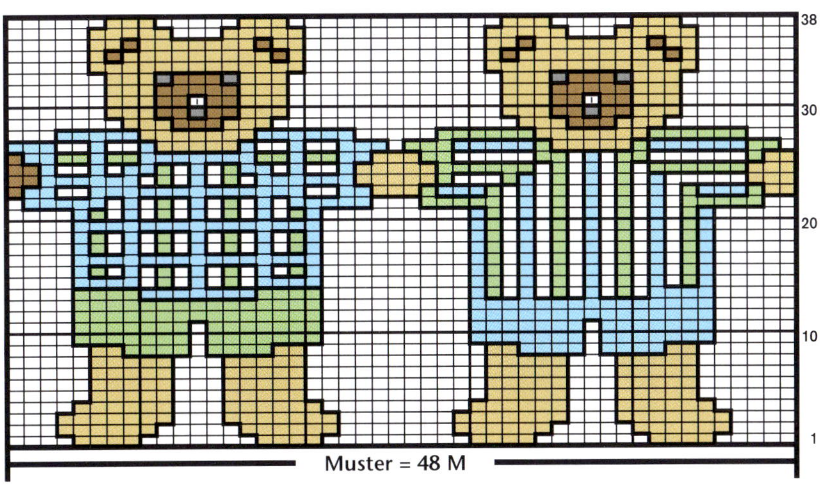

Mit Rollrändern

Ton in Ton oder in Kontrastfarben abgesetzt, zwei oder drei Rollränder – hier können Sie mit Farben spielen. Sie benötigen zwei Nadelspiele: Damit keine unangenehmen Nähte entstehen, werden die Rollränder einzeln gestrickt. Dann werden die Maschen von den zwei hintereinander gelegten Nadeln rechts zusammengestrickt.

Socken mit Rollrändern

Größe: 26/27 und 38/39.
Garn: Regia 4-fädig Tweed, für Größe 38/39 100 g in der Grundfarbe und je 50 g in den Schmuckfarben, für Größe 26/27 je 50 g in allen Farben: Schwarz Nr. 2954, Anthrazit Nr. 2953 und Hellgrau Nr. 2958.
2 Nadelspiele Nr. 2 1/2 - 3 und 1 Nadelspiel Nr. 3 - 3 1/2.
Garn: Regia 6-fädig, für Größe 38/39 100 g in der Grundfarbe und je 50 g in den Schmuckfarben, für Größe 26/27 je 50 g in allen Farben: Mittelblau Nr. 1988, Dunkelblau Nr. 540 und Marine Nr. 324 oder Hellgrau meliert Nr. 2040, Mittelgrau meliert Nr. 44 und Anthrazit Nr. 522 oder Minze meliert Nr. 1955, Pink Nr. 2017 und Gelb Nr. 2041.
2 Nadelspiele Nr. 3 - 3 1/2 und 1 Nadelspiel Nr. 3 1/2 - 4.
Glatt re: Hinr re M, Rückr li M, in Rd nur re M.

Anleitung für Größe 38/39: Bitte entnehmen Sie die Maschenanzahl für die zwei Garnqualitäten der Tabelle. Die Reihenzahlen für Regia 4-fädig stehen vor, die für Regia 6-fädig hinter den Schrägstrichen.
Die drei Rollränder werden mit dünneren Nadeln gearbeitet. Für den 1. Rollrand die M anschlagen und 24 Rd/18 Rd str. Dann mit dem 2. Nadelspiel die M anschlagen und 20 Rd/16 Rd str. Den 2. Rollrand über den 1. legen und je 1 M beider Nadeln rechts zusammenstricken. Danach noch 3 Rd/1Rd str. Nun für den 3. Rollrand die M anschlagen und 18 Rd/14 Rd str. Dann diesen Rand über die ersten Ränder stülpen und wieder je 1 M beider Nadeln re zusammenstricken. Noch 1 Rd mit derselben Nadelstärke str, dann mit den dickeren Nadeln weiterarbeiten. Nach ca. 5 cm die Ferse beginnen und die Socke wie in der Grundanleitung beschrieben beenden.

Tipp
Wenn die Socken in Schuhen getragen werden, reicht nach den Rollrändern die angegebene Länge. Sollten Sie sie in Stiefeln tragen wollen, muss der Schaft natürlich höher sein. Damit die Rollränder genau am oberen Stiefelrand liegen, messen Sie die Stiefellänge bis etwa zur Ferse und geben dann noch ein bis zwei Zentimeter dazu. Am besten, Sie probieren die Länge mit anderen Kniestrümpfen aus.

Anleitung für Größe 26/27: Wie für Größe 38/39 arbeiten, jedoch bei den Rollrändern mit Regia 4-fädig den 1. Rollrand 16 Rd hoch, die 2 folgenden je 14 Rd hoch str, dazwischen 2 Rd arbeiten. Dann noch 3 cm mit den dickeren Nadeln arbeiten.
Mit Regia 6-fädig für den 1. Rollrand 14 Rd und für den 2. Rollrand 12 Rd str, dann die M zusammenstricken, noch ca. 3 cm mit den dickeren Nadeln stricken und die Socke wie in der Grundanleitung beschrieben beenden.

Mit Stulpen

Am schönsten wirken Stulpensocken über Steghosen oder in Stiefeln. Farblich der Garderobe angepasst, sind sie ein modischer Blickfang. Sie können natürlich auch einfach nur die Stulpen stricken (Anleitung nächste Seite) und lose über fertige Socken ziehen. Außerdem sind die Stulpen auch als Schweißbänder für die Handgelenke geeignet – und, entsprechend vergrößert, auch als Stirnbänder.

Grundanleitung für die Socken mit Stulpen

Garn: Regia 4-fädig in den angegebenen Mengen und Farben.
Ein Nadelspiel Nr. 2½.
Bündchenmuster: 1 M re, 1 M li im Wechsel stricken.
Glatt re: Hinr re M, Rückr li M, in Rd nur re M stricken.
Jacquardmuster: Glatt re nach der gewünschten Strickschrift stricken. 1 Kästchen = 1 M.
Stickmuster: Die Stulpe nachträglich im Maschenstich nach den Stickschriften besticken. 1 Kästchen = 1 M.

Anleitung: Die M in der Strumpffarbe anschlagen und 8 cm im Bündchenmuster str. Weiter 1 Rd re M, 1 Rd li M, 2 Rd re M, dann die 25 bzw. 27 Rd glatt re nach der entsprechenden Strickschrift oder in Schwarz str. Weiter in der Grundfarbe 3 Rd re M, 1 Rd li M und noch 3 cm re M str, dann die Arbeit mit 1 Umschlag wenden und auf der linken Seite glatt re weiterarbeiten, dabei in der 1. Rd den Umschlag mit der davor liegenden M re zusammenstricken. Noch 4 bis 12 cm (siehe oben) glatt re str, dann Ferse und Fuß arbeiten. Die Stulpe in den linken Rd zweimal nach außen umschlagen.

Bestickte Stulpen

Größe: 38/39.
Garn: 100 g in Schwarz Nr. 2066 und Reste in gewünschten Farben.
Stickmuster: Nach dem Schema im Maschenstich auf die Stulpe sticken. 1 Kästchen = 1 M.

Anleitung: 60 M in Schwarz anschlagen und wie in der Grundanleitung beschrieben stricken. Die glatt rechte Fläche der Stulpe jedoch 31 Rd hoch arbeiten. Zum Schluss die Stulpe in den gewünschten Farben besticken.

Stulpe mit Leopardenmuster

Größe: 38/39.
Garn: 100 g in Dunkelbraun Nr. 2905 und je 50 g in Gelb Nr. 2041, Curry Nr. 2101 und Nougat Nr. 2145.
Jacquardmuster: Je 9 Rd mit Gelb, Curry und Nougat stricken.

Anleitung: 60 M in Dunkelbraun anschlagen und wie in der Grundanleitung beschrieben stricken.

Tipp
Arbeiten Sie das Jacquardmuster bei der Stulpe mit Leopardenmuster mit nur 4 Nadeln, also mit je 20 Maschen auf den 3 Nadeln. Dann stricken Sie über jeder Nadel einen ganzen Rapport.

Stulpe mit Leopardenmuster

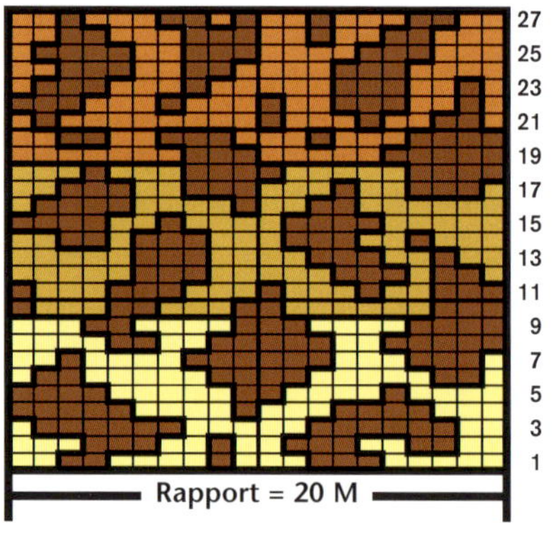

Stickschrift für die Katze

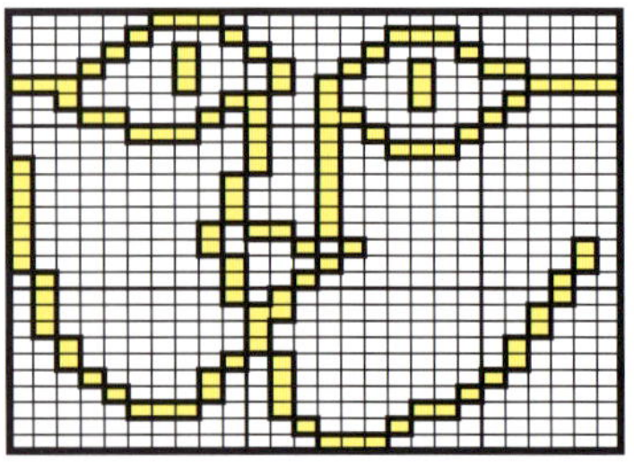

Stickschrift für die Strichmännchen

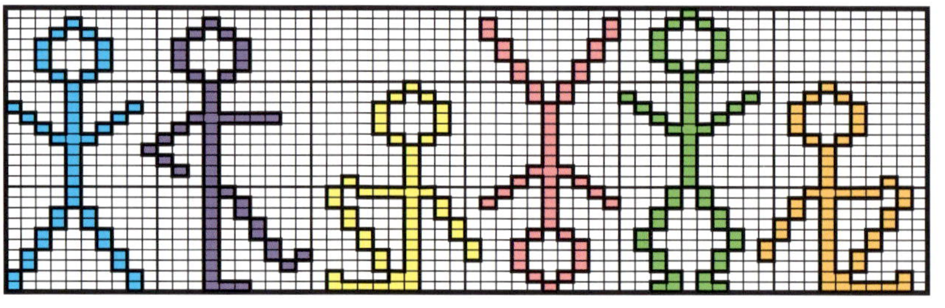

Stulpe mit Zebramuster

Größe: 38/39.
Garn: 100 g in Schwarz Nr. 2066 und je 50 g in Taubenblau Nr. 1970, Weide Nr. 1970, Curry Nr. 2101, Nougat Nr. 2145, Marone Nr. 901 bzw. 50 g in Weiß Nr. 600.
Jacquardmuster: Für die farbigen Stulpensocken je 5 Rd mit Taubenblau, Weide, Curry, Nougat und Marone str. Für die zweifarbigen Stulpen verwenden Sie nur Schwarz und Weiß.

Anleitung: 60 M in Schwarz anschlagen und wie in der Grundanleitung beschrieben stricken.

Stulpe mit Pfeilmuster

Größe: 40/41.
Garn: 100 g in Schwarz Nr. 2066, je 50 g in Kirsch Nr. 2002, Zyklam Nr. 2016, Pink Nr. 2017 bzw. Smaragd Nr. 2051 und Minze Nr. 2059.
Jacquardmuster: Es werden immer im Wechsel 4 M in Schwarz und 4 M in Farbe gestrickt. Nur am Anfang einer Runde werden die Farbflächen „geschoben".
Für die **Stulpen mit Rottönen** 6 Rd mit Kirsch, je 5 Rd mit Zyklam, Pink und Zyklam und 6 Rd mit Kirsch stricken.
Für die **Stulpen mit Grüntönen** je 9 Rd mit Smaragd, Minze und Smaragd str.

Anleitung: 64 M in Schwarz anschlagen und wie in der Grundanleitung beschrieben stricken.

Stulpe mit Pfeilmuster

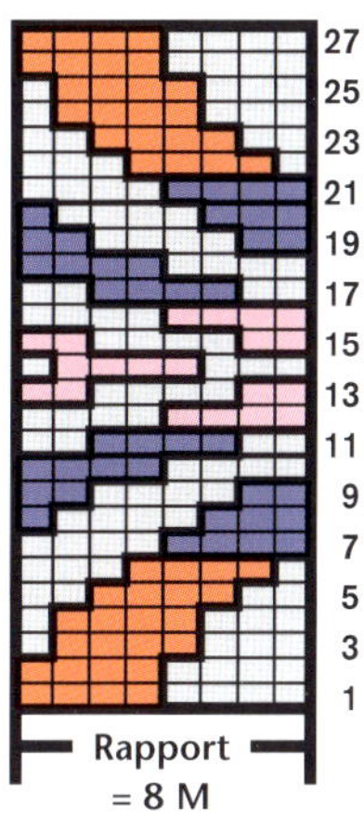

Stulpe mit Mäander

Größe: 40/41.
Garn: 100 g in Schwarz Nr. 2066 und je 50 g in Lavendel Nr. 1988 und Minze Nr. 2059.
Jacquardmuster: Die 1. bis 9. Rd mit Lavendel, die 10. bis 18. Rd mit Minze und die 19. bis 27. Rd mit Lavendel stricken.

Anleitung: 64 M in Schwarz anschlagen und wie in der Grundanleitung beschrieben stricken.

Stulpe mit Mäander

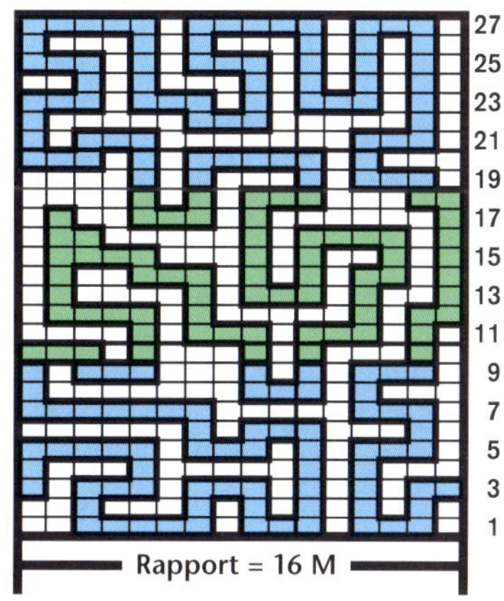

Sie können natürlich auch nur die Stulpen stricken und diese einfach über gekaufte Strümpfe ziehen. Dafür zunächst nur ca. 4 cm im Bündchenmuster, dann die angegebenen rechten und linken Runden und das Stulpenmuster stricken, wieder die angegebenen rechten und linken Runden und nochmals ca. 4 cm im Bündchenmuster.

Stulpe mit Zebramuster

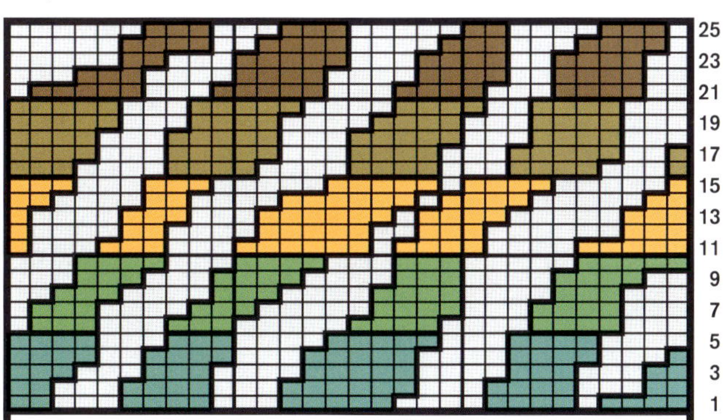

Mit gestickten Blüten

Ob selbst gestrickt oder gekauft – mit kleinen Stickereien können Sie alle Socken zu Unikaten machen. Vorlagen für Blüten oder andere Motive finden Sie auch in Strick- oder Stickbüchern. Der Fantasie sind da keine Grenzen gesetzt.
Motive im Maschenstich werden mit einer stumpfen Sticknadel gestickt, für Motive im Platt- oder Stielstich sind spitze Sticknadeln besser geeignet.
Damit beim Sticken in den Socken keine zu langen Spannfäden entstehen, sollten Sie auf der Innenseite den Faden immer wieder einmal durch den Querfaden zwischen den Maschen ziehen.

Anleitung für die gelben Socken: 64 M anschlagen und 3 cm re M str, dann in der rückwärtigen Mitte beginnend wie folgt str: * 6 M glatt re, 4 M Zopfmuster, 6 M glatt re, ab * wiederholen. In 14 cm ab Beginn des Zopfmusters über jedem Zopf 2 M re zusammenstricken = 60 M. Dann die Ferse str und den Fuß glatt re beenden. Die Margeriten auf die glatt rechten Streifen in der Höhe um ca. 3 cm versetzt nach der Zeichnung arbeiten. Dabei mit doppeltem Faden sticken: die Blätter und Stiele in Grün im Stielstich, die Blütenblätter in Weiß im Margeritenstich, die Blütenmitte in Gelb im Plattstich.

Originalgroße Vorlage für die Margeriten

Originalgroße Vorlage für die Girlande

Legen Sie außerdem etwas Pappe oder zusammengefaltetes Papier in die Socke, sodass Sie nicht versehentlich die Maschen der gegenüber liegenden Seite mit erfassen.
Beim Sticken von filigranen Motiven sind Maschen als Untergrund oft zu grob. Dann hilft Organza: Zeichnen Sie das Motiv auf den hauchdünnen Stoff und schneiden es grob aus. Dann heften Sie den Organza auf die gewünschte Stelle der Socke und sticken mit einer spitzen Sticknadel auf die gezeichneten Konturen. Zum Schluss werden dann die Organzafäden nach und nach vorsichtig herausgezogen. Auf diese Weise können Sie selbst auf das gröbste Maschenbild die schwierigsten Motive sticken.

Socken mit Stickereien

Größe: 38/39.
Garn: Regia 4-fädig, 100 g in Gelb Nr. 2041 bzw. Natur Nr. 1992 bzw. Grün Nr. 327, außerdem Reste für die Stickereien. Ein Nadelspiel Nr. $2^{1}/_{2}$ und eine Sticknadel mit stumpfer Spitze.
Bündchenmuster: 1 M re, 1 M li im Wechsel stricken.
Glatt re: Hinr re M, Rückr li M, in Rd nur re M stricken.
Zopfmuster: Über 4 M stricken.
1. Rd: 1 M li, 2 M re, 1 M li.
2. Rd: 1 M li, 1 M mit einer Hilfsnadel hinter die Arbeit nehmen, 1 M re, dann die M der Hilfsnadel re str, 1 M li.
Die 1. und 2. Rd stets wiederholen.

Anleitung für die naturfarbenen und die grünen Socken: 60 M anschlagen und 4 cm im Bündchenmuster, dann glatt re str. In 15 cm ab Bündchen Ferse und Fuß arbeiten.
Bei den naturfarbenen Socken auf die seitliche Mitte des Schafts die Rose sticken: die Rosenmitte und die Außenblätter in Zyklam, die kleineren Blütenblätter in Pink, die Blätter in Grün im Maschenstich, die Stiele im Stielstich.
Bei den grünen Socken die Blütengirlande wie folgt sticken: Zunächst von oben nach unten im Fischgrätenstich eine Zackenlinie in Natur (Breite 4 M, Höhe 4 Rd), dann die Blüten im Margeritenstich in Ocker.

Stickschema für die Rose

Lochmuster in Pastell

Filigrane Lochmuster, zart wie Spitze. Was so kompliziert aussieht, ist ganz einfach zu stricken. Damit Sie nicht aus dem Muster-Rhythmus kommen, sollten Sie die Maschen auf den vier Nadeln so verteilen, dass kein Rapport unterbrochen wird. Vor der Ferse können dann die Maschen wieder der Sockenform entsprechend vor- oder zurückgeschoben werden.

Hellgelbe Socken

Größe: 38/39.
Garn: Regia 4-fädig, 100 g in Limone Nr. 2060. Ein Nadelspiel Nr. 2½.
Bündchenmuster: 1 M re und 1 M li im Wechsel stricken.
Glatt re: Hinr re M, Rückr li M, in Rd nur re M stricken.
Lochmuster: M-Zahl teilbar durch 6. Siehe Strickschrift. Es ist nur jede 2. Rd gezeichnet. In den ungeraden Rd alle M und Umschläge re stricken.
Die 1. bis 4. Rd stets wiederholen.
Maschenprobe: Gedehnt gemessen: 30 M und 42 R bzw. Rd = 10 x 10 cm.
Anleitung: 60 M anschlagen, 6 Rd glatt re, 1 Rd Mäusezähnchen (= 2 M re zusammenstricken, 1 Umschlag im Wechsel) und 6 Rd glatt re str. Weiter 12 cm im Grundmuster str. Dann über die 30 M der 1. und 2. Nadel die Ferse str. Weiter beim Fuß bei den M der 2. und 3. Nadel für den Oberfuß die mittleren 24 M im Lochmuster, alle übrigen M glatt re arbeiten. Die Spitze glatt re str. Den Mäusezähnchenrand zur Hälfte nach innen umnähen.

Strickschrift

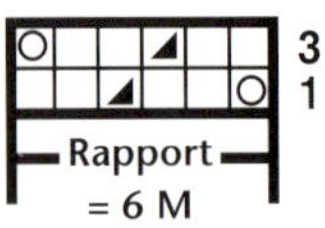

☐ = re M
⊡ = Umschlag
◪ = 2 M re zusammenstricken

Melierte Damensocken und rosafarbene Kindersocken

Größe: 36/37 bzw. 26/27.
Garn: Regia 4-fädig, 100 g in Weiß meliert Nr. 5009 bzw. Rosa. Ein Nadelspiel Nr. 2½.
Bündchenmuster: 1 M re und 1 M li im Wechsel stricken.
Glatt re: Hinr re M, Rückr li M, in Rd nur re M stricken.
Lochmuster: M-Zahl teilbar durch 6. Siehe Strickschrift. Es ist nur jede 2. Rd gezeichnet. In den geraden Rd die mittleren 4 M und Umschläge re str. Für die Damensocken die 1. und letzte M der Zeichnung glatt li str, für die Kindersocken diese M glatt re stricken. Die 1. bis 12. Rd stets wiederholen.
Maschenprobe: Gedehnt gemessen: 30 M und 42 R bzw. Rd = 10 x 10 cm.

Anleitung: 60 M bzw. 48 M anschlagen, 6 Rd glatt re, 1 Rd Mäusezähnchen (= 2 M re zusammenstricken, 1 Umschlag im Wechsel) und 6 Rd glatt re str. Weiter 12 cm bzw. 8 cm im Grundmuster arbeiten. Dann über die 30 M bzw. 24 M der 1. und 2. Nd die Ferse str. Weiter beim Fuß die M der 1. und 4. Nd glatt re, über die M der 2. und 3. Nd für den Oberfuß im Lochmuster arbeiten. Die Spitze glatt re str. Den Mäusezähnchenrand zur Hälfte nach innen umnähen.

Strickschrift für die melierten Socken und die rosafarbenen Kindersocken

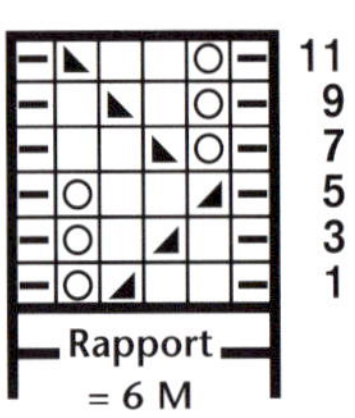

□ = re M
⊟ = li M bzw. re M
◙ = Umschlag
◪ = 2 M re zusammenstricken
◩ = 1 M re abheben, 1 M re str und die abgehobene M überziehen

Gelbe Socken

Größe: 36/37.
Garn: Regia 4-fädig, 100 g in Gelb Nr. 2041. Ein Nadelspiel Nr. 2½.
Glatt re: Hinr re M, Rückr li M, in Rd nur re M stricken.
Lochmuster: M-Zahl teilbar durch 6. Siehe Strickschrift. Es ist nur jede 2. Rd gezeichnet. In den geraden Rd alle M und Umschläge re stricken.
Die 1. bis 4. Rd stets wiederholen.
Maschenprobe: Gedehnt gemessen: 30 M und 42 R bzw. Rd = 10 x 10 cm.
Bündchenmuster: 1 M re und 1 M li im Wechsel stricken.

Anleitung: 60 M anschlagen, 6 Rd glatt re, 1 Rd Mäusezähnchen (= 2 M re zusammenstricken, 1 Umschlag im Wechsel) und 6 Rd glatt re str. Weiter 12 cm im Grundmuster arbeiten. Dann über die 30 M der 1. und 2. Nd die Ferse str. Weiter beim Fuß die M der 1. und 4. Nd glatt re, über die M der 2. und 3. Nd für den Oberfuß im Lochmuster arbeiten. Die Spitze glatt re str. Den Mäusezähnchenrand zur Hälfte nach innen umnähen.

Strickschrift für die gelben Socken

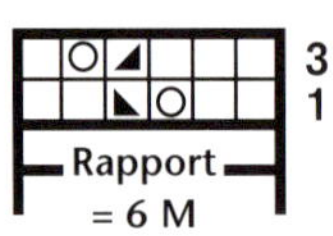

□ = re M
◙ = Umschlag
◪ = 2 M re zusammenstricken
◩ = 1 M re abheben, 1 M re str und die abgehobene M überziehen

Weiße Socken

Größe: 40/41.
Garn: Regia 4-fädig, 100 g in Weiß Nr. 2080. Ein Nadelspiel Nr. 2½.
Bündchenmuster: 1 M re und 1 M li im Wechsel stricken.
Glatt re: Hinr re M, Rückr li M, in Rd nur re M stricken.
Lochmuster: M-Zahl teilbar durch 8. Siehe Strickschrift. Es ist jede Rd gezeichnet.
Die 1. bis 12. Rd stets wiederholen.
Maschenprobe: 30 M und 42 R bzw. Rd = 10 x 10 cm.

Anleitung: 64 M anschlagen, 6 Rd glatt re, 1 Rd Mäusezähnchen (= 2 M re zusammenstricken, 1 Umschlag im Wechsel) und 6 Rd glatt re str. Weiter 14 cm im Grundmuster arbeiten, mit einer 6. oder 12. Rd enden. Dann die Ferse str. Weiter beim Fuß die M der 1. und 4. Nd glatt re, die M der 2. und 3. Nd für den Oberfuß im Lochmuster arbeiten. Die Spitze glatt re str. Den Mäusezähnchenrand zur Hälfte nach innen umnähen.

Strickschrift für die weißen Socken

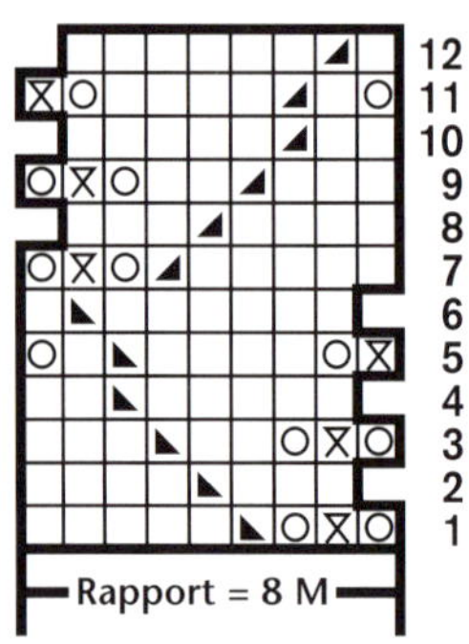

□ = re M
◙ = Umschlag
⊠ = re verschränkte M
◪ = 2 M re zusammenstricken
◩ = 1 M re abheben, 1 M re str und die abgehobene M überziehen

Socken mit Zackenmuster

Größe: 38/39.
Garn: Regia 4-fädig, 100 g in Natur Nr. 2956. Ein Nadelspiel Nr. 2 1/2.
Bündchenmuster: 1 M re und 1 M li im Wechsel stricken.
Glatt re: Hinr re M, Rückr li M, in Rd nur re M stricken.
Lochmuster: Nach der Strickschrift arbeiten, 1 Kästchen = 1 M.
Nach der 1. und 2. Rd die 3. bis 14. Rd stets wiederholen.
Maschenprobe: 30 M und 42 R bzw. Rd = 10 cm x 10 cm.

Anleitung: 60 M anschlagen und 2 cm im Bündchenmuster str. Weiter 50 Rd (= 4 Rapporte in der Höhe) im Lochmuster arbeiten. Das Muster wie gezeichnet str. Dann die M so verteilen, dass die Fersenmitte zwischen der 6. und 7. M der Zeichnung liegt, und die Ferse über 30 M str. Weiter beim Fuß über die mittleren 28 M der 2. und 3. Nd für den Oberfuß im Lochmuster arbeiten (= 2 Rapporte + beidseitig je 2 M glatt li), die übrigen M glatt re str. Die Spitze glatt re stricken.

□ = re M ⊟ = li M
◎ = Umschlag
◢ = 2 M re zus-str
◣ = 1 M re abheben, 1 M re str und die abgehobene M überziehen
◺ = den Umschlag re abheben, 1 M re str und die abgehobene M überziehen
◿ = M und Umschlag re zusammenstricken
☑ = die M li abheben, Faden ist hinter der Arbeit
☒ = 1 M re verschränkt

Strickschrift für das Zackenlochmuster

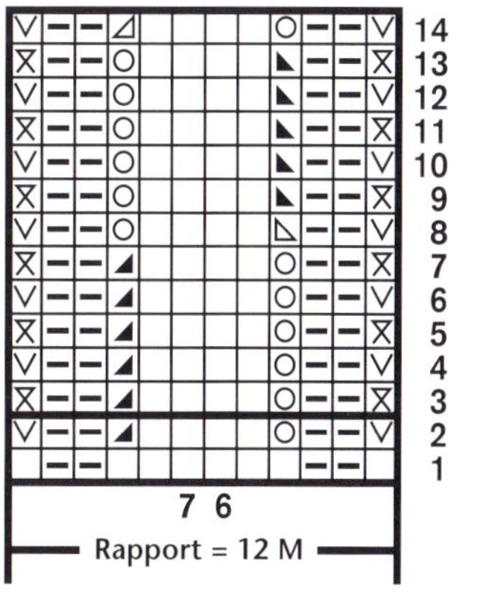

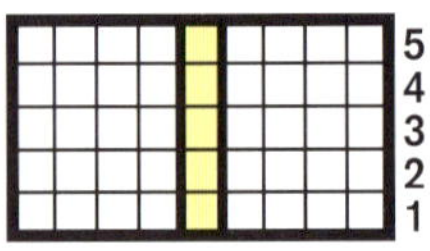

FIT FOR FUN

Die Buchstaben werden bei diesen Socken in Jacquardtechnik eingestrickt. Achten Sie bei allen Jacquardmustern darauf, dass Sie die Fäden nicht zu fest anziehen. Jacquardmuster müssen locker gestrickt werden. Wenn Sie relativ fest stricken, verwenden Sie lieber eine halbe Nadelstärke größer, damit die Socke locker über Ferse und Spann gezogen werden kann.

Socken in Marine und Maisgelb

Größe: 38/39.
Garn: Regia 4-fädig,100 g in Marine Nr. 324, dazu für die Socken mit meliertem Garn 50 g in Ringel Color Nr. 5047, für die Socken mit bunten Streifen je 50 g in Grün Nr. 613, Gelb Nr. 2041, Neonorange Nr. 631, Rot Nr. 2054, Smaragd Nr. 2051 und Lavendel Nr. 1988.
Ein Nadelspiel Nr. $2\frac{1}{2}$.
Bündchenmuster: 1 M re und 1 M li im Wechsel stricken.
Glatt re: Hinr re M, Rückr li M, in Rd nur re M stricken.
Pünktchenmuster: Glatt re je 1 M in den 2 Farben im Wechsel str, das Muster in jeder Rd versetzt arbeiten.
Maschenprobe: Im Jacquardmuster: 30 M und 33 R bzw. Rd, einfarbig: 30 M und 42 R bzw. Rd = 10 x 10 cm.
Jacquardmuster: Siehe Strickschriften. Es ist jede Rd gezeichnet, 1 Kästchen = 1 M. Die Muster in der hinteren Mitte mit der 1. Nadel wie gezeichnet beginnen, den Rapport wiederholen und wie gezeichnet enden.
Nach der Ferse bei den Jacquardstreifen über die mittleren 27 M des Oberfußes im Jacquardmuster, alle übrigen M im Pünktchenmuster stricken.

Streifen- und Musterfolge
Für die Socken mit bunten Streifen: 4 Rd in Marine, 5 Rd Jacquardmuster 1 mit Grün, 4 Rd in Marine, 5 Rd Jacquardmuster 1 mit Gelb, dabei das „I" arbeiten, 4 Rd in Marine, 5 Rd Jaquardmuster 1 mit Orange, dabei das „T" arbeiten, 4 Rd in Marine, 5 Rd Jaquardmuster 2, 1 Rd in Marine = 37 Rd, dann die Ferse arbeiten. Weiter 3 Rd in Marine, 5 Rd mit FOR mit Petrol, 4 Rd in Marine, 5 Rd Jacquardmuster 2, 4 Rd in Marine, 5 Rd Jacquardmuster 1 mit Orange, 4 Rd in Marine, 5 Rd Jacquardmuster 1 mit Gelb, dabei das „U" arbeiten, 4 Rd in Marine, 5 Rd Jacquardmuster 1 mit Grün, dabei das „N" arbeiten, enden mit 4 Rd in Marine, dann die Spitze im Pünktchenmuster mit Marine und Lavendel stricken.

Für die Socken mit melierten Streifen: Wie die Socken mit bunten Streifen str, jedoch anstelle der 5 Rd Jacquardmuster 2 wie folgt str: 1 Rd in Meliert, 2 Rd Pünktchenmuster mit Marine und Meliert, 1 Rd in Meliert. Vor der Spitze nur 2 Rd in Marine, dann 1 Rd in Meliert, 1 Rd im Pünktchenmuster und 1 Rd in Meliert, dann die Spitze in Marine arbeiten.

Anleitung: 60 M in Marine anschlagen und 6 cm im Bündchenmuster str. Weiter 37 Rd in der Streifen- und Musterfolge arbeiten und dann die Ferse in Marine str. Beim Fuß über die mittleren 27 M der 2. und 3. Nd (Oberfuß) die Muster wie beschrieben str, über die Maschen des Spickels und der Sohle in den zweifarbigen Rd im Pünktchenmuster stricken.

Wenn Sie diese Socken vergrößern möchten, können Sie in der rückwärtigen Mitte das Pünktchenmuster (je 1 M in jeder Farbe, das Muster in jeder Rd versetzt arbeiten) stricken. Beim Fuß werden dann ebenfalls die zusätzlichen Maschen im Pünktchenmuster gestrickt. Nach Wunsch kann auch der Schaft nach dem Bündchen mit Jacquardmuster 2 bzw. den Runden im Pünktchenmuster verlängert werden, der Fuß vor der Spitze ebenfalls mit Jacquardmuster 2 oder auch einigen Runden im Pünktchenmuster.

Strickschrift Muster 2

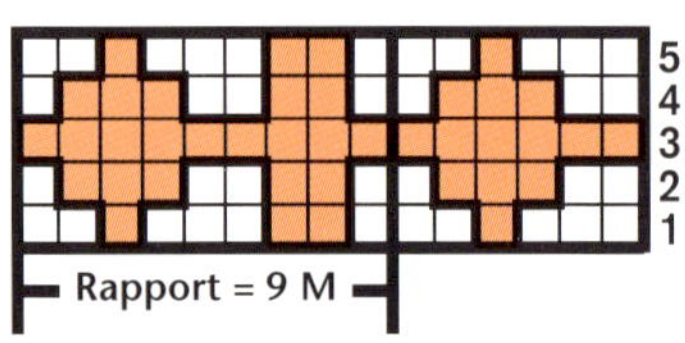

Strickschrift Muster 1

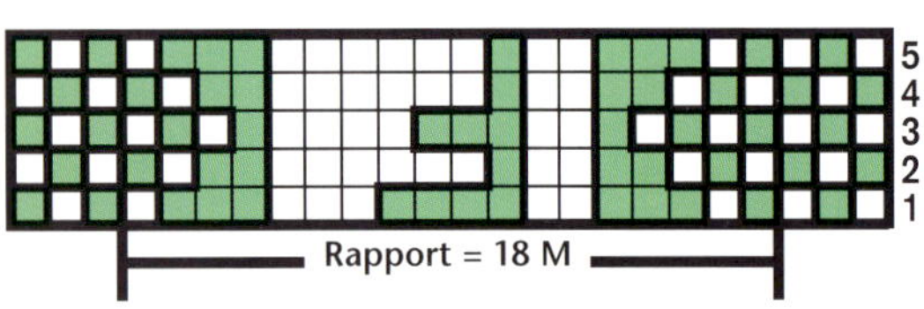

Mit Mini-Zöpfen

Ein Muster für zwei: Mini-Zöpfe. Wenn sich die Blende bei den Kniestrümpfen zu sehr weitet, sollten Sie nachträglich ein Gummiband in die untere Hälfte des Bündchens einziehen. Oder Sie stricken anstelle des Rippenmusters ein doppeltes Bündchen (siehe Seite 9), in das Sie etwas breiteres Gummiband einziehen können.

Socken

Größe: 36/37.
Garn: Regia 4-fädig Tweed, 100 g in Marine-flammé Nr. 5004.
Ein Nadelspiel Nr. 2 1/2.
Bündchenmuster: 2 M re und 2 M li im Wechsel stricken.
Glatt re: Hinr re M, Rückr li M, in Rd nur re M stricken.
Maschenprobe: 30 M und 42 R bzw. Rd = 10 x 10 cm.
Zopfmuster: Über 8 M nach dem Schema str. Es ist jede Rd gezeichnet, 1 Kästchen = 1 M.
Die 1. bis 10. Rd stets wiederholen.
Maschenprobe: 36 M und 42 R bzw. Rd = 10 x 10 cm.

Anleitung: 72 M anschlagen und 6 cm im Bündchenmuster str, beginnen mit 1 M li, 2 M re. Weiter ca. 15 cm im Zopfmuster nach der Strickschrift für das Grundmuster str = 9x der Rapport von 8 M. In ca. 20 cm Gesamthöhe je 17 M auf die 1. und die 4. Nadel legen und über jedem Zopf 1x 2 M re zusammenstricken = 30 M, darüber die Ferse str. Weiter für den Oberfuß über die 38 M der vorderen Nadeln im Muster str, die übrigen M glatt re str. Vor der Spitze über den M des Oberfußes 8x 2 M re zusammenstricken = 15 M je Nadel. Dann die Spitze glatt re stricken.

Kniestrümpfe

Größe: 38/39.
Garn: Regia 4-fädig Tweed, 100 g in Jeansblau meliert Nr. 1932.
Ein Nadelspiel Nr. 2 1/2.
Muster und Maschenprobe: Siehe Socken.
Rippenmuster: * 3 M re, 2 M li, 3 M re, ab * wiederholen.

□ = re M
⊟ = li M
⊠ = re verschränkte M
◪ = 2 M re zusammenstricken
◩ = 1 M re abheben, 1 M re str und die abgehobene M überziehen
◿ = 2 M re verschränkt zusammenstricken
▱ = 1 M mit einer Hilfsnadel vor die Arbeit nehmen, 2 M re, dann die M der Hilfsnadel re verschränkt str
▰ = 2 M mit einer Hilfsnadel hinter die Arbeit nehmen, 1 M re, dann die M der Hilfsnadel re str

Strickschrift für das Grundmuster

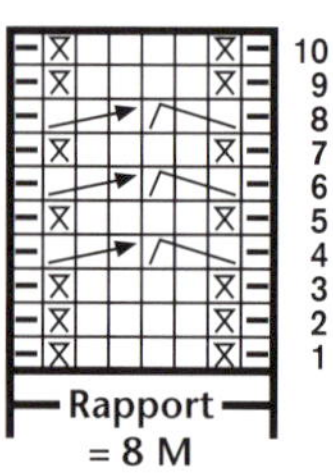

Strickschrift für die Abnahmen der Kniestrümpfe

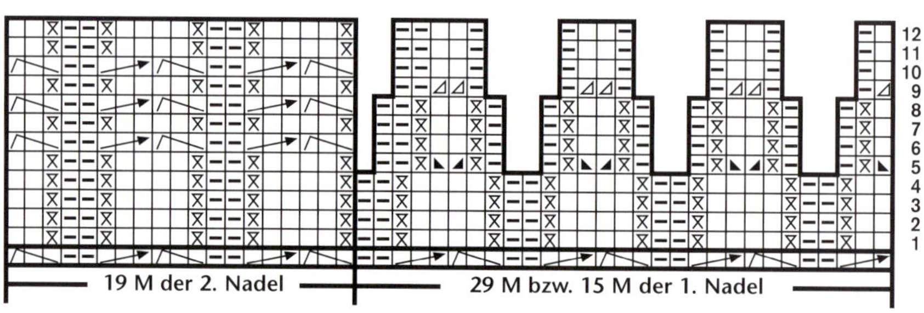

Anleitung: 96 M anschlagen und 12 cm im Bündchenmuster str, beginnen mit 1 M re, 2 M li. Dann die Arbeit mit 1 Umschlag wenden und im Rippenmuster str, in der rückwärtigen Mitte mit 3 M re beginnen. Dabei in der 1. Rd den Umschlag mit der davor liegenden M li zusammenstricken. In 8 cm Höhe in der vorderen Mitte über 8 M einen Zopf arbeiten und nach jeweils 10 Rd über den Rippen beidseitig der mittleren 8 M immer 2 Zöpfe mehr arbeiten, bis alle Rippen im Zopfmuster gestrickt werden. Dann noch 30 Rd über alle M im Zopfmuster stricken.

Nun die M wie folgt einteilen: Je 29 M auf der 1. und 4. Nadel für die Ferse und je 19 M auf der 2. und 3. Nadel für den Oberfuß. Über die 38 M der 2. und 3. Nadel weiter im Zopfmuster, über den Fersen-M die Abnahmen nach der Strickschrift str (gezeichnet sind die M der 1. und 2. Nadel, die M der 3. und 4. Nadel gegengleich str) = 15 M je Nadel, dann die Ferse über diese 30 M glatt re stricken.

Weiter für den Fuß die letzte M der 1. Nadel und die 1. M der 4. Nadel li str, die übrigen M re arbeiten. Über die 38 M des Oberfußes weiter im Zopfmuster str; vor Beginn der Spitze über diesen M verteilt 8x 2 M re zusammenstricken = je 15 M auf allen Nadeln. Dann die Spitze glatt re stricken.

Strickschrift für das Streifenmuster

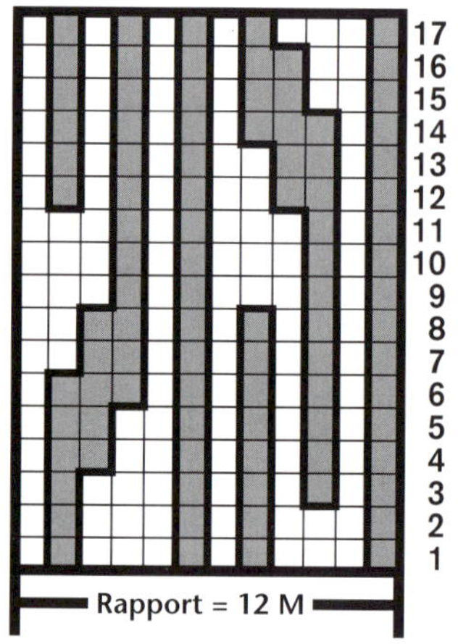

Socken mit Zackenmuster in Schwarzweiß

Größe: 46/47.
Garn: Regia 4-fädig, 100 g in Schwarz Nr. 2066 und 50 g in Superweiß Nr. 2080. Ein Nadelspiel Nr. 2¹/₂.
Bündchenmuster: 1 M re, 1 M li im Wechsel stricken.
Glatt re: Hinr re M, Rückr li M; in Rd nur re M stricken.
Zackenmuster: Die 1. bis 11. Rd nach der Strickschrift str. 1 Kästchen = 1 M und **3 Rd**.
Diese 33 Rd = 10 cm hoch.
Maschenprobe: 30 M und 42 R bzw. Rd = 10 x 10 cm.

Starke Kontraste

Schwarz oder Rot mit Weiß – eine klare Sache. Stricken Sie Jacquardmuster nicht zu fest. Die Spannfäden müssen relativ locker gehalten werden, damit die Socke über Spann und Ferse passt!

Socken mit Streifenmuster

Größe: 38/39.
Garn: Regia 4-fädig, je 50 g in Schwarz Nr. 2066 und Superweiß Nr. 2080.
Ein Nadelspiel Nr. 2¹/₂.

Bündchenmuster: 1 M re, 1 M li im Wechsel stricken.
Glatt re: Hinr re M, Rückr li M; in Rd nur re M stricken.
Streifenmuster: Glatt re nach der Strickschrift (oben) stricken. 1 Kästchen = 1 M und 1 Rd.
Die 1. bis 17. Rd stets wiederholen.
Maschenprobe: Im Jacquardmuster: 30 M und 33 R bzw. Rd = 10 x 10 cm.

Anleitung: 60 M in Schwarz anschlagen und 3 cm im Bündchenmuster str. Glatt re im Jacquardmuster weiter. In 20 cm Höhe die Ferse in Schwarz str, dann weiter über die M der 1. und 4. Nd im Wechsel je 1 M in Schwarz und Weiß, über die M der 2. und 3. Nd für den Oberfuß weiter im Jacquardmuster stricken. Die Spitze in Schwarz arbeiten.

Strickschrift für das Zackenmuster

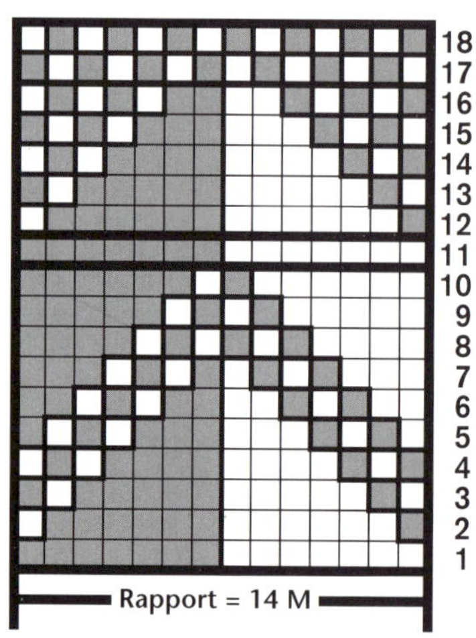

Anleitung: 72 M in Schwarz anschlagen und 8 cm im Bündchenmuster str. Glatt re weiter 12 Rd in Schwarz str, dabei in der letzten Rd 2x 2 M re zusammenstricken = 70 M.
Weiter 33 Rd im Zackenmuster und 12 Rd in Schwarz str, dabei in der 1. schwarzen Rd 2x 2 M re verschränkt aus dem Querfaden zunehmen = 72 M. Dann den Fuß in Schwarz stricken.

Socken in Rotweiß

Größe: 34/35.
Garn: Regia 4-fädig, je 50 g in Rot Nr. 2054 und Superweiß Nr. 2080. Ein Nadelspiel Nr. $2^1/_2$.
Bündchenmuster: 1 M re, 1 M li im Wechsel stricken.
Glatt re: Hinr re M, Rückr li M; in Rd nur re M stricken.
Zackenmuster: Nach der Strickschrift str. 1 Kästchen = 1 M und **1 Rd**. Die 1. bis 10. Rd 3x, dann die 11. bis 16. Rd 1x str, danach die 17. und 18. Rd stets wiederholen.
33 Rd = ca. 10 cm hoch.
Maschenprobe: Im Jacquardmuster: 30 M und 34 R bzw. Rd = 10 x 10 cm.

Anleitung: 56 M in Rot anschlagen und 3 cm im Bündchenmuster str. Glatt re weiter 4 Rd in Rot und 38 Rd im Zackenmuster str, danach den Strumpf im Pünktchenmuster (= 17. und 18. Rd im Wechsel) beenden. Nach 2 cm im Pünktchenmuster die Ferse beginnen. Dabei die ersten 2 M der 4. Nd und die letzten 2 M der 1. Nd kraus re in Rot str. Beim Käppchen die abgehobenen M beidseitig ebenfalls immer in Rot str. Für die Spitze bei der 1. und 3. Nd die letzten 2 M in Rot re zusammenstricken, bei der 2. und 4. Nd die 1. M re abheben, die folgende M in Rot str und die abgehobene M überziehen. Auf diese Weise erhält man ein 2 M breites Band in Rot.

ACHTUNG: Da Jacquardmuster eine andere Maschenprobe als glatt rechte Strickstücke haben, müssen bei der Ferse im Pünktchenmuster weniger Reihen gestrickt werden – hier statt 26 ca. 22 Reihen. Aus den Seitenkanten müssen trotzdem genauso viele Maschen aufgenommen werden wie bei normalen Fersen, hier also 14 Maschen.

Mit Karos und Streifen

Socken für Sportsfreunde! Wenn Sie statt Marine als Grundfarbe Schwarz verwenden, wird auch jeder Fußballfan begeistert sein.

Socken in Marine/Maisgelb

Größe: 38/39.
Garn: Regia 4-fädig, je 50 g in Marine Nr. 324 und Maisgelb Nr. 621.
Ein Nadelspiel Nr. $2^1/_2$.
Bündchenmuster: 1 M re und 1 M li im Wechsel stricken.
Glatt re: Hinr re M, Rückr li M, in Rd nur re M stricken.
Jacquardmuster: M-Zahl teilbar durch 20. Siehe Strickschrift.
Die 1. bis 20. Rd stets wiederholen.
Pünktchenmuster: Glatt re je 1 M in den 2 Farben im Wechsel str, das Muster in jeder Rd versetzt arbeiten.
Maschenprobe: Im Jacquardmuster: 30 M und 33 R bzw. Rd, einfarbig: 30 M und 42 R bzw. Rd = 10 x 10 cm.

Anleitung: 60 M in Marine anschlagen und 6 cm im Bündchenmuster str. Weiter 50 Rd (= ca. 15 cm) im Grundmuster arbeiten, dann die Ferse in Marine str. Beim Fuß über die M der 2. und 3. Nd (Oberfuß) im Karomuster (= 1. bis 4. M und 1. bis 4. Rd), über die M der 1. und 4. Nd im Pünktchenmuster str. Die Spitze in Marine stricken.

Strickschrift für die Socken in Marine und Maisgelb

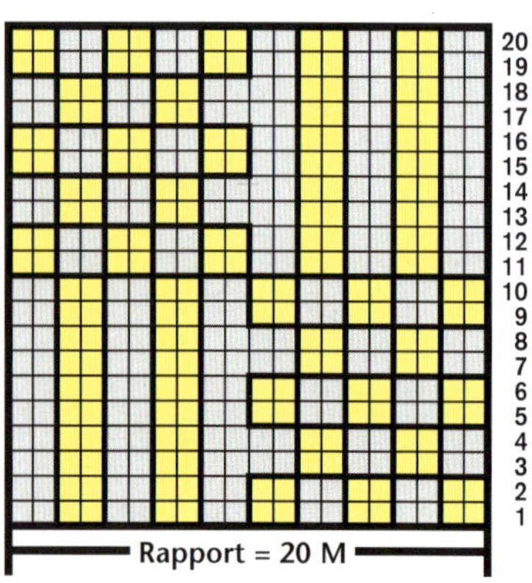

Socken in Marine/Grün

Größe: 40/41.
Garn: Regia 4-fädig, 100 g in Marine Nr. 324 und 50 g in Grün Nr. 613.
Ein Nadelspiel Nr. $2^1/_2$.
Bündchenmuster: 1 M re und 1 M li im Wechsel stricken.
Glatt re: Hinr re M, Rückr li M, in Rd nur re M stricken.
Grundmuster: M-Zahl teilbar durch 4.
1. und 2. Rd: In Marine stricken.
3. und 4. Rd: In Grün stricken.
5. und 6. Rd: In Marine stricken.
7. bis 12. Rd: 2 M in Marine und 2 M in Grün im Wechsel stricken.
Die 1. bis 12. Rd stets wiederholen.
Pünktchenmuster und Maschenprobe: Siehe Socken in Marine/Maisgelb.

Anleitung: 64 M in Marine anschlagen, 8 cm im Bündchenmuster str. Weiter 54 Rd (= ca. 14,5 cm) im Grundmuster arbeiten, dann die Ferse in Marine str. Danach beim Fuß über die M der 2. und 3. Nd (Oberfuß) im Streifenmuster (= 7. bis 12. Rd) und über die M der 1. und 4. Nd im Pünktchenmuster str. Die Spitze in Marine arbeiten.

Socken in Marine/Blau

Größe: 34/35.
Garn: Regia 4-fädig, je 50 g in Marine Nr. 324 und Blau Nr. 614.
Ein Nadelspiel Nr. $2^1/_2$.
Bündchenmuster: 1 M re und 1 M li im Wechsel stricken.
Glatt re: Hinr re M, Rückr li M, in Rd nur re M stricken.
Grundmuster: M-Zahl teilbar durch 4.
1. und 2. Rd: 2 M in Marine und 2 M in Blau im Wechsel str.
3. und 4. Rd: 2 M in Blau und 2 M in Marine im Wechsel str.
Die 1. bis 4. Rd stets wiederholen.
Pünktchenmuster und Maschenprobe: Siehe Socken Marine/Maisgelb.

Anleitung: 56 M in Marine anschlagen und 6 cm im Bündchenmuster str. Weiter glatt re 12 cm im Grundmuster str, dann die Ferse in Marine arbeiten. Danach beim Fuß über die M der 2. und 3. Nd (Oberfuß) im Jacquardmuster und über die M der 1. und 4. Nd im Pünktchenmuster str. Zum Schluss die Spitze in Marine arbeiten.

Rustikal in Grautönen

Diese klassischen Farben kommen besonders bei Männern gut an. Dazu passen auch dezente Streifen, Rippenmuster und Musterbordüren im oberen Teil des Schafts. Achten Sie besonders bei Herrensocken darauf, dass der Schaft lang genug ist. Denn wenn bei übergeschlagenen Beinen ein Stück Männerbein heraussieht, ist das nicht gerade erotisch …

Graue Socken mit Streifen

Größe: 38/39.
Garn: Regia 4-fädig Tweed, je 50 g in Mittelgrau Nr. 2953 und Hellgrau Nr. 2958. Ein Nadelspiel Nr. 2 1/2.
Bündchenmuster: 1 M re, 1 M li im Wechsel stricken.
Glatt re: Hinr re M, Rückr li M, in Rd nur re M stricken.
Streifenfolge: 2 Rd in Hellgrau und 4 Rd in Mittelgrau im Wechsel str.

Anleitung: 60 M in Mittelgrau anschlagen, 2 cm im Bündchenmuster und 2 Rd re M str, dann in der Streifenfolge arbeiten. In 16 cm Höhe, nach 2 Rd in Mittelgrau, Ferse und Käppchen in Mittelgrau str, dann in der Streifenfolge weiterarbeiten. Die Spitze in Mittelgrau arbeiten.

Anthrazitfarbene Socken mit Rippen

Größe: 44/45.
Garn: Regia 6-fädig, 150 g in Mittelgrau Nr. 44. Ein Nadelspiel Nr. 3 1/2.
Bündchenmuster: 1 M re, 1 M li im Wechsel stricken.
Glatt re: Hinr re M, Rückr li M, in Rd nur re M stricken.
Rippenmuster: 3 M li, 1 M re im Wechsel str; das Muster bei der 1. Nadel mit 1 M li, 1 M re beginnen.

Anleitung: 56 M anschlagen, 5 cm im Bündchenmuster, dann im Rippenmuster str. In 20 cm Höhe Ferse und Käppchen str, dann über die M der 1. und 4. Nadel glatt re, über die M der 2. und 3. Nadel im Rippenmuster arbeiten. Die Spitze glatt re stricken.

Gestreifte Socken

Größe: 38/39.
Garn: Regia 6-fädig, je 100 g in Weiß Nr. 2080 und Hellgrau meliert Nr. 2040. Ein Nadelspiel Nr. 3 1/2.
Bündchenmuster: 2 M re, 2 M li im Wechsel stricken.
Glatt re: Hinr re M, Rückr li M, in Rd nur re M stricken.
Streifenfolge: 3 Rd in Weiß und 3 Rd in Hellgrau meliert im Wechsel stricken.

Anleitung: 48 M in Weiß anschlagen und 8 cm im Bündchenmuster str. Glatt re in der Streifenfolge weiterarbeiten. In 19 cm Höhe, nach 34 Rd rechts bzw. 1 Rd in Hellgrau meliert, Ferse und Käppchen in Hellgrau meliert str, dann in der Streifenfolge weiterstricken. Die Spitze in Hellgrau meliert arbeiten.

Anthrazitfarbene Socken mit Streifen

Größe: 38/39.
Garn: Regia 6-fädig, 100 g in Anthrazit Nr. 522 und je 50 g in Mittelgrau Nr. 44 und in Hellgrau Nr. 2040.
Ein Nadelspiel Nr. 3 1/2.
Bündchenmuster: 1 M re, 1 M li im Wechsel stricken.
Glatt re: Hinr re M, Rückr li M, in Rd nur re M stricken.
Rippenmuster: 3 M re, 1 M li im Wechsel str; das Muster bei der 1. Nadel mit 1 M re, 1 M li beginnen.
Streifenfolge: * 1 Rd in Hellgrau, 3 Rd in Mittelgrau, 1 Rd in Hellgrau, 5 Rd in Anthrazit, ab * wiederholen.

Anleitung: 48 M in Anthrazit anschlagen, 7 cm im Bündchenmuster und 2 Rd im Rippenmuster str. Weiter im Rippenmuster 40 Rd in der Streifenfolge arbeiten. In 21 cm Höhe Ferse und Käppchen in Anthrazit str, dann in Anthrazit weiter über die M der 1. und 4. Nadel glatt re, für den Oberfuß über die M der 2. und 3. Nadel im Rippenmuster arbeiten. Die Spitze glatt re stricken.

Herrensocken mit Zackenmuster

Größe: 42/43.
Garn: Regia 4-fädig Tweed, 100 g in Hellgrau Nr. 2958 und je 50 g in Mittelgrau Nr. 2953 und Schwarz Nr. 2954. Ein Nadelspiel Nr. $2\frac{1}{2}$.
Bündchenmuster: 1 M re, 1 M li im Wechsel stricken.
Glatt re: Hinr re M, Rückr li M, in Rd nur re M stricken.
Zackenmuster: M-Zahl teilbar durch 8. In Rd nur re M nach der Strickschrift str. 1 Kästchen = 1 M und 1 Rd. Die 1. bis 20. Rd stets wiederholen.
Maschenprobe: Im Jacquardmuster: 30 M und 36 R bzw. Rd = 10 x 10 cm.

Anleitung: 64 M in Hellgrau anschlagen, 3 cm im Bündchenmuster und 1 Rd re M str. Dann im Jacquardmuster arbeiten. In 17 cm Höhe, nach einer 10. Rd im Jacquardmuster, Ferse und Käppchen in Hellgrau str, dann im Jacquardmuster weiterarbeiten. Die Spitze in Hellgrau arbeiten.

Kindersocken mit Jacquardmuster

Größe: 24/25.
Garn: Regia 4-fädig Tweed, je 50 g in Mittelgrau Nr. 2953, Schwarz Nr. 2954 und Hellgrau Nr. 2958. Ein Nadelspiel Nr. $2\frac{1}{2}$.
Bündchenmuster: 1 M re, 1 M li im Wechsel stricken.
Glatt re: Hinr re M, Rückr li M, in Rd nur re M stricken.
Jacquardmuster: M-Zahl teilbar durch 4. In Rd nur re M nach der Strickschrift str. 1 Kästchen = 1 M und 1 Rd. Die 1. bis 8. Rd stets wiederholen.
Maschenprobe: Im Jacquardmuster: 30 M und 37 R bzw. Rd = 10 x 10 cm.

Anleitung: 52 M in Mittelgrau anschlagen, 2 cm im Bündchenmuster und 1 Rd re M str. Dann im Jacquardmuster arbeiten. In 9 cm Höhe, nach einer 3. Rd im Jacquardmuster, Ferse und Käppchen in Mittelgrau str, dann im Jacquardmuster weiterarbeiten. Die Spitze in Mittelgrau arbeiten.

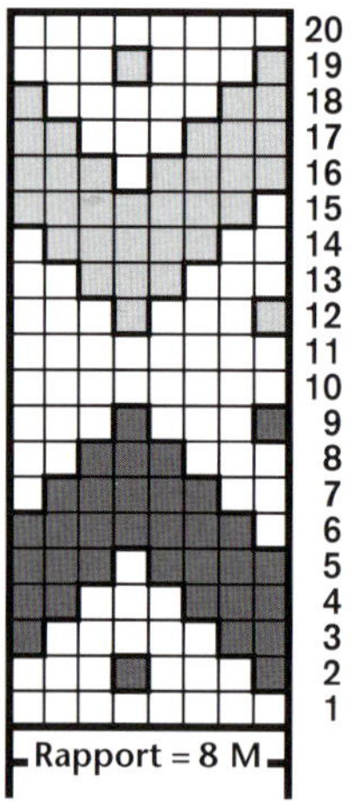

Strickschrift für das Zackenmuster der Herrensocken

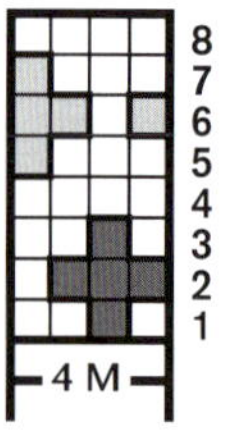

Strickschrift für das Jacquardmuster der Kindersocken

Socken mit Jacquardbordüre in Anthrazit und Weiß

Größe: 38/39.
Garn: Regia 4-fädig, 100 g in Schwarzweiß meliert Nr. 2068, und je 50 g in Anthrazit Nr. 522 und Weiß Nr. 600. Ein Nadelspiel Nr. $2^1/_2$.
Bündchenmuster: 1 M rc, 1 M li im Wechsel stricken.
Glatt re: Hinr re M, Rückr li M, in Rd nur re M stricken.
Jacquardmuster: M-Zahl teilbar durch 12. In Rd nur re M nach der Strickschrift str. 1 Kästchen = 1 M und 1 Rd.

Anleitung: 60 M in Meliert anschlagen, 10 cm im Bündchenmuster str. Dann glatt re 1 Rd in Meliert und die 22 Rd Jacquardbordüre nach der Strickschrift, danach wieder in Meliert arbeiten. In 23 cm Höhe Ferse und Käppchen in Anthrazit str, dann den Fuß in Meliert beenden.

Strickschrift für die Jacquardbordüre

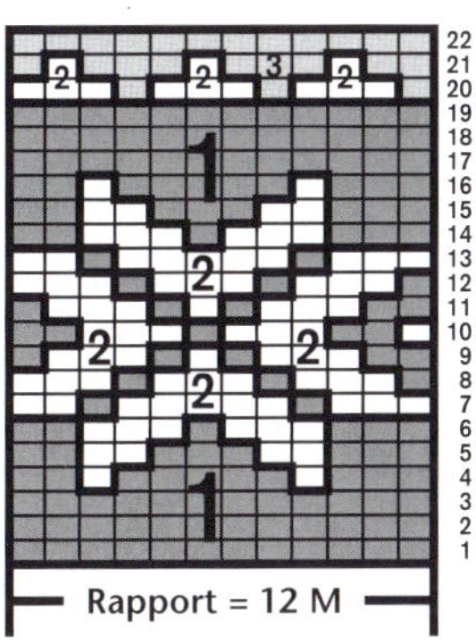

1 = Anthrazit
2 = Weiß
3 = Schwarz-Weiß-meliert

Socken mit Jacquardbordüre in Anthrazit und Rot

Größe: 38/39.
Garn: Regia 4-fädig, 100 g in Schwarzweiß meliert Nr. 2068 und je 50 g in Anthrazit Nr. 522 und Rot Nr. 2054. Ein Nadelspiel Nr. $2^1/_2$.
Bündchenmuster: 1 M re, 1 M li im Wechsel stricken.
Glatt re: Hinr re M, Rückr li M, in Rd nur re M stricken.
Jacquardmuster: M-Zahl teilbar durch 10. In Rd nur re M nach der Strickschrift str. 1 Kästchen = 1 M und 1 Rd.

Anleitung: 60 M in Rot anschlagen, im Bündchenmuster 3 Rd in Rot, dann in Meliert insgesamt 7 cm str. Dann glatt re 8 Rd in Meliert und die 18 Rd Jacquardbordüre nach der Strickschrift arbeiten, danach wieder in Meliert str. In 20 cm Höhe Ferse und Käppchen in Rot und weiter in Meliert str. 1 cm vor Beginn der Spitze 4 Rd in Rot str, dann die Spitze in Anthrazit arbeiten.

Strickschrift für die Jacquardbordüre

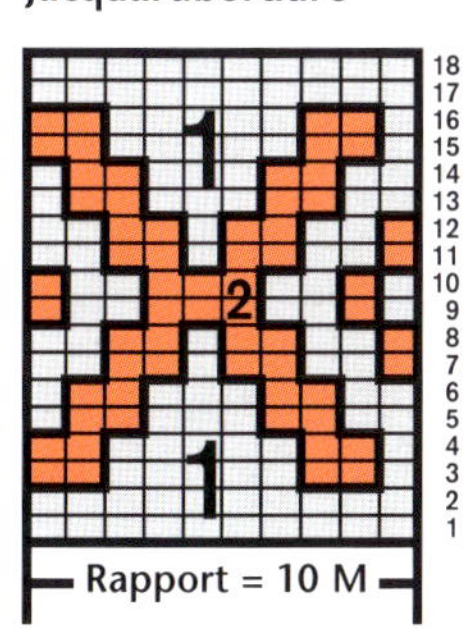

1 = Anthrazit
2 = Rot

In Braun und Natur

Noch einmal die klassischen Farben für Herrensocken. Doch hier sind es die Muster, auf die es ankommt. Die Füße sind einfarbig bzw. mit Streifen gestrickt – so sind auch die Spickelabnahmen kein Problem. Geübtere Strickerinnen können natürlich auch den Fuß im Muster weiterstricken. Dabei ist jedoch die Mustereinteilung bei den zugenommenen Maschen etwas schwierig, besonders bei breiteren Musterrapporten. Eine Vereinfachung: Stricken Sie die zusätzlichen Maschen einfach im Pünktchenmuster, also je eine Masche in den jeweiligen Farben.

Socken mit großen Zacken

Größe: 38/39.
Garn: Regia 4-fädig Tweed, 100 g in Braun Nr. 1966 und 50 g in Natur Nr. 2956. Ein Nadelspiel Nr. 2$^1/_2$.
Bündchenmuster: 1 M re, 1 M li im Wechsel stricken.

Strickschrift für die großen Zacken

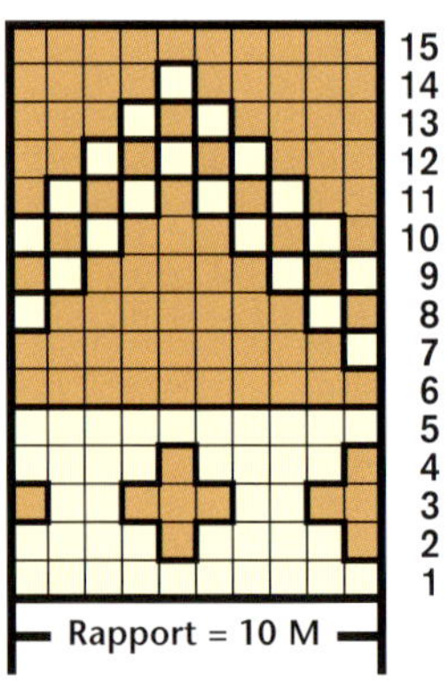

Glatt re: Hinr re M, Rückr li M; in Rd nur re M stricken.
Zackenmuster: In Jacquardtechnik nach der Strickschrift str. 1 Kästchen = 1 M und 1 Rd.
Die 1. bis 15. Rd 4x str, dann die 1. bis 5. Rd str = 65 Rd.
Maschenprobe: Im Jacquardmuster: 30 M und 33 R bzw. Rd, einfarbig: 30 M und 42 R bzw. Rd = 10 x 10 cm.

Anleitung: 60 M in Braun anschlagen und 8 cm im Bündchenmuster str. Glatt re weiter 2 Rd in Braun str, dann die 65 Rd Jacquardmuster und noch 2 Rd in Braun str. Dann den restlichen Fuß in Braun arbeiten.

Socken mit Rhombenmuster

Größe: 38/39.
Garn: Regia 4-fädig Tweed, je 50 g in Braun Nr. 1966 und Natur Nr. 2956. Ein Nadelspiel Nr. 2$^1/_2$.
Bündchenmuster: 1 M re, 1 M li im Wechsel stricken.

Glatt re: Hinr re M, Rückr li M; in Rd nur re M stricken.
Rhombenmuster: In Jacquardtechnik nach der Strickschrift str. 1 Kästchen = 1 M und 1 Runde.
Die 1. bis 14. Rd stets wiederholen.
Maschenprobe: Im Jacquardmuster: 30 M und 33 R bzw. Rd, einfarbig: 30 M und 42 R bzw. Rd = 10 x 10 cm.

Anleitung: 60 M in Natur anschlagen und 3 cm im Bündchenmuster str. Glatt re nach der Strickschrift str. In 23 cm Höhe, nach einer 7. Rd, die Ferse in Braun str, dann weiter immer 8 Rd in Natur und Braun im Wechsel str. Die Spitze in Braun stricken.

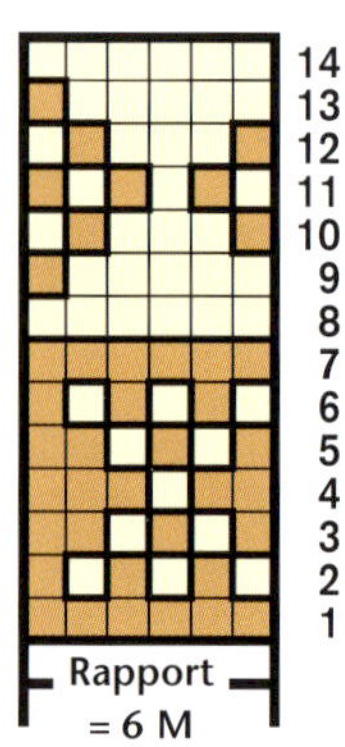

Socken mit Zickzackmuster

Größe: 38/39.
Garn: Regia 4-fädig, 100 g in Braun Nr. 1966 und je 50 g in Beige Nr. 2957 und Natur Nr. 1956.
Ein Nadelspiel Nr. 2¹/₂.
Bündchenmuster: 1 M re, 1 M li im Wechsel stricken.
Glatt re: Hinr re M, Rückr li M; in Rd nur re M stricken.
Zickzackmuster: In Jacquardtechnik nach der Strickschrift str. 1 Kästchen = 1 M und 1 Runde.
Die 1. bis 10. Rd stets wiederholen.
Maschenprobe: Im Jacquardmuster: 30 M und 33 R bzw. Rd, einfarbig: 30 M und 42 R bzw. Rd = 10 x 10 cm.

Anleitung: 60 M in Braun anschlagen und 3 cm im Bündchenmuster str. Glatt re weiter 1 Rd in Braun, dann nach dem Schema str. In 21 cm Höhe, nach einer 10. Rd, die Ferse und den Fuß in Braun stricken.

Strickschrift für das Zickzackmuster

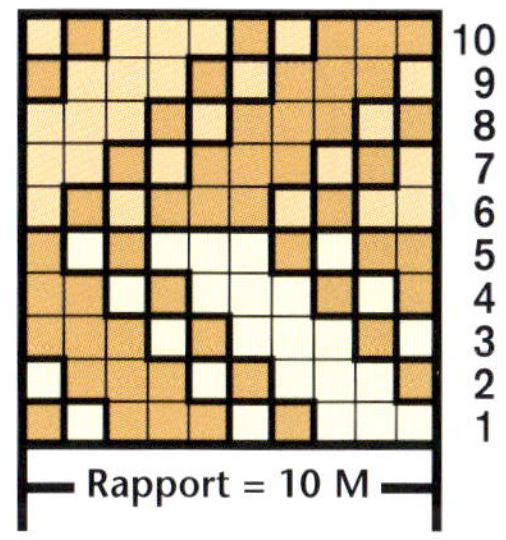

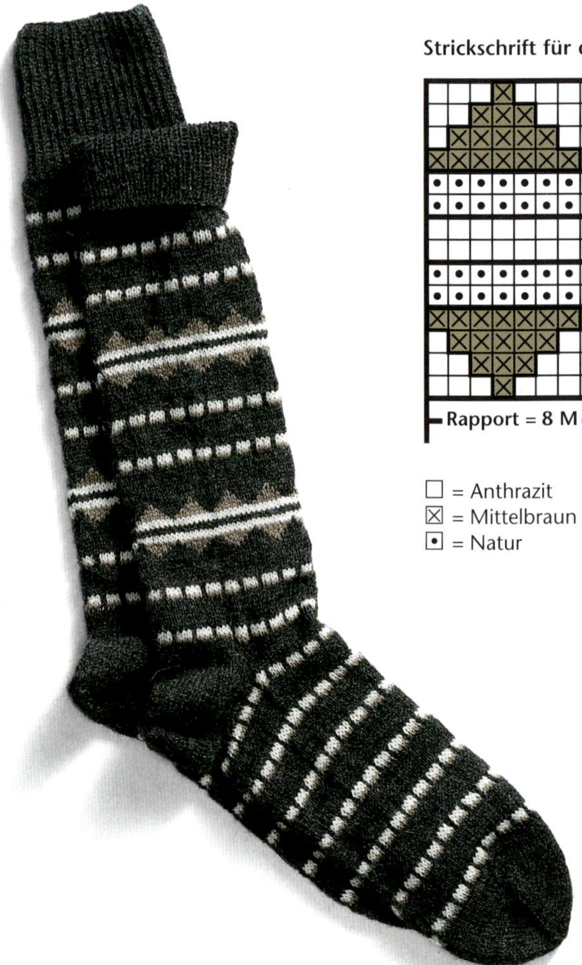

Besonders fein: Regia 3-fädig

Mit Nadelstärke 2 werden die Socken aus der dünnsten Garn-Qualität gestrickt. Das dauert zwar etwas länger – dafür sehen die Socken fast wie gekauft aus und passen auch zur feineren Garderobe. Machen Sie auch hier auf jeden Fall eine Maschenprobe. Wenn Sie sehr locker stricken, müssen Sie eventuell Nadelstärke 1,5 verwenden.

Strickschrift für das Dreieckmuster

Rapport = 8 M

☐ = Anthrazit
☒ = Mittelbraun
⊡ = Natur

Socken mit Dreiecken

Größe: 44/45.
Garn: Regia 3-fädig, 100 g in Anthrazit Nr. 522 und je 50 g in Natur Nr. 1992 und Mittelbraun Nr. 2693.
Ein Nadelspiel Nr. 2.
Bündchenmuster: 1 M re, 1 M li im Wechsel stricken.
Glatt re: Hinr re M, Rückr li M, in Rd nur re M stricken.
Dreieckmuster: Siehe Strickschrift.
1 Kästchen = 1 M.
Die 1. bis 14. Rd stets wiederholen.
Streifenmuster:
1. und 2. Rd: 3 M in Natur und 1 M in Anthrazit im Wechsel stricken.
3. Rd: 3 M in Braun und 1 M in Anthrazit im Wechsel stricken.
Musterfolge: * 8 Rd in Anthrazit, 3 Rd Streifenmuster, 8 Rd in Anthrazit, 3 Rd Streifenmuster, 8 Rd in Anthrazit, 14 Rd Dreieckmuster, ab * 2x str = 88 Rd, dann ** 8 Rd in Anthrazit, 3 Rd Streifenmuster, ab ** stets wiederholen.

Anleitung: 72 M in Anthrazit anschlagen und 8 cm im Bündchenmuster str. Glatt re weiter im Streifenmuster. Nach 114 Rd (= 88 Rd + 2 Streifen + 4 Rd in Anthrazit) die Ferse in Anthrazit str, weiter im Streifenmuster (ohne Dreiecke) arbeiten. Die Spitze in Anthrazit stricken.

Socken mit Streifen

Größe: 38/39 bzw. 42/43.
Garn: Regia 3-fädig, 100 g in Camel Nr. 17 und je 50 g in Natur Nr. 1992 und Dunkelbraun 2903 bzw. 100 g in Anthrazit Nr. 522 und je 50 g in Flanell Nr. 33 und Smaragd Nr. 2051.
Ein Nadelspiel Nr. 2.
Bündchenmuster: 1 M re, 1 M li im Wechsel stricken.
Glatt re: Hinr re M, Rückr li M, in Rd nur re M stricken.
Streifenfolge für die Socken in Camel: * 5 Rd in Kamel, 1 Rd abwechselnd 1 M in Natur und 1 M in Dunkelbraun, ab * wiederholen.
Diese 6 Rd wiederholen.
Streifenfolge für die Socken in Anthrazit: * 5 Rd in Anthrazit, 2 Rd abwechselnd 1 M in Flanell und 1 M in Smaragd, ab * wiederholen, in der 2. Rd die Farben versetzt stricken.
Diese 7 Rd stets wiederholen.

Anleitung: 64 bzw. 68 M in Camel bzw. Anthrazit anschlagen und 3 cm im Bündchenmuster str. Glatt re in der entsprechenden Streifenfolge weiter. In 24 cm Höhe die Ferse in Camel bzw. Anthrazit str, dann weiter im Streifenmuster. Die Spitze in Camel bzw. Smaragd stricken.

Socken mit Jacquardmuster

Größe: 40/41.
Garn: Regia 3-fädig, 100 g in Hellgrau Nr. 1991 und 50 g in Smaragd Nr. 2051. Ein Nadelspiel Nr. 2.
Bündchenmuster: 1 M re, 1 M li im Wechsel stricken.
Glatt re: Hinr re M, Rückr li M, in Rd nur re M stricken.
Jacquardmuster: Glatt re nach der Strickschrift stricken. 1 Kästchen = 1 M. Die 1. bis 10. Rd stets wiederholen.
Pünktchenmuster: 1 M in Hellgrau und 1 M in Smaragd im Wechsel, die Farben in jeder Rd versetzen.

Anleitung: 70 M in Hellgrau anschlagen und 4 cm im Bündchenmuster str. Glatt re im Jacquardmuster weiter.
In 28 cm Höhe über der 1. und 4. Nadel je 1x 2 M re zusammenstricken = 68 M bzw. 17 M je Nadel, dann die Ferse in Hellgrau arbeiten. Weiter über die M der 1. und 4. Nadel im Pünktchenmuster, über die M der 2. und 3. Nadel im Jacquardmuster str. Die Spitze in Hellgrau stricken.

Strickschrift für das Jacquardmuster

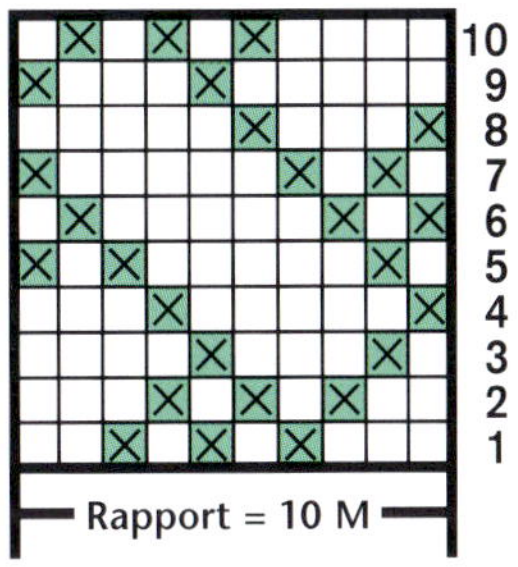

☐ = Hellgrau
☒ = Smaragd

Kunterbuntes für Kinder

Diese Kindersocken aus dem dickeren Sockengarn sind im Nu fertig. Bei den Jacquardmustern und dem Muster mit tiefergestochenen Maschen geben Strickschriften einen genauen Überblick.

Kindersocken mit Zackenmuster

Größe: 32/33.
Garn: Regia 6-fädig, je 50 g in Dunkelgrün Nr. 2092, Grün Nr. 613 und Gelb Nr. 612. Ein Nadelspiel Nr. 3½.
Bündchenmuster: 1 M re, 1 M li im Wechsel stricken.
Glatt re: Hinr re M, Rückr li M, in Rd nur re M stricken.
Jacquardmuster: M-Zahl teilbar durch 4. Glatt re nach der Strickschrift stricken. 1 Kästchen = 1 M.
Nach der 1. bis 7. Rd die 8. bis 20. Rd stets wiederholen.

Maschenprobe: Im Jacquardmuster: 22 M und 27 R bzw. Rd = 10 x 10 cm.

Anleitung: 44 M in Dunkelgrün anschlagen und 3 cm im Bündchenmuster str. Glatt re im Jacquardmuster weiterarbeiten. Nach 45 Rd, nach einer 19. Rd des Schemas, Ferse und Käppchen in Dunkelgrün str, dann wieder im Grundmuster arbeiten. Die Spitze nach einer 20. Rd in Dunkelgrün stricken.

Strickschrift für das Jacquardmuster

1 = Dunkelgrün
2 = Grün
3 = Gelb

Socken mit Jacquardmotiven

Jacquardmuster: M-Zahl teilbar durch 12. Glatt re nach der Strickschrift str. 1 Kästchen = 1 M.
Maschenprobe: Im Jacquardmuster: 22 M und 27 R bzw. Rd = 10 x 10 cm.

Anleitung: 48 M in Natur anschlagen und 2 cm im Bündchenmuster str. Weiter 2 Rd in Natur, die 48 Rd Jacquardmuster und 2 Rd in Natur str. Dann die Ferse in Natur arbeiten. 2 Rd nach Beginn des Spickels die 31. bis 34. Rd nach der Strickschrift str, statt Gelb nun Rot verwenden. Weiter den Fuß in Natur str, 4 Rd vor Beginn der Spitze wieder die 31. bis 34. Rd nach der Strickschrift str, hier wieder Gelb verwenden. Die Spitze in Natur arbeiten.

Strickschrift für das Jacquardmuster

Kindersocken mit Ringeln

Größe: 30/31.
Garn: Regia 6-fädig Tweed, je 50 g in Marine Nr. 324, Rot Nr. 2054, Grün Nr. 613, Lila Nr. 2098, Gelb Nr. 612. Ein Nadelspiel Nr. 3 1/2.
Bündchenmuster: 1 M re, 1 M li im Wechsel stricken.
Glatt re: Hinr re M, Rückr li M, in Rd nur re M stricken.
Muster mit tiefergestochenen Maschen: Glatt re M nach der Strickschrift str. 1 Kästchen = 1 M.
Die 1. bis 16. Rd stets wiederholen, dabei immer im Wechsel 2 Rd in Farbe und 2 Rd in Marine stricken.
Streifenmuster: * 3 Rd in Farbe, 1 Rd in Marine, ab * wiederholen.

Für **Farbe** bei beiden Mustern im Wechsel Rot, Grün, Lila und Gelb wdh.

Anleitung: 56 M in Marine anschlagen, 2 cm im Bündchenmuster und 2 Rd glatt re str. Dann im Muster mit tiefergestochenen Maschen arbeiten. Nach 56 Rd Ferse und Käppchen in Marine str. Noch 4 Rd in Marine, dann im Streifenmuster str. Die Spitze in Marine arbeiten.

☐ = re M
☑ = rechte M, dabei 2 Rd tiefer in die obere M des davor liegenden Farbstreifens einstechen, die entsprechende M von der linken Nadel gleiten lassen; die R dazwischen lösen sich auf.

Strickschrift für das Muster mit tiefergestochenen Maschen

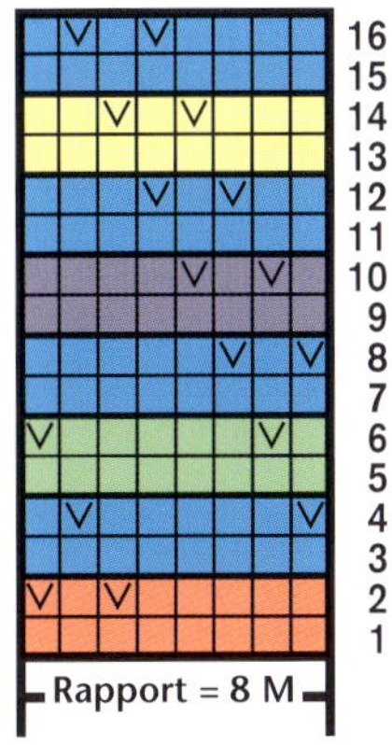

Für die ganz Kleinen

Eine ganze Sockenparade in Rot, Orange und Gelb. Mit Ringeln, Zacken und Lochmuster. Da schlagen kleine Mädchenherzen höher. Dazu noch Babysöckchen mit Herzen und mit Rippen (nächste Seite). Bei diesen Größen ist ein Paar Socken an einem Abend fertig.
Für das Stricken mit so wenigen Maschen sind die kürzeren Nadelspiele mit 15 cm Länge besonders praktisch.

Söckchen mit Herzen

Größe: 20/21.
Garn: Regia 4-fädig, je 50 g in Weiß Nr. 600 und Rot Nr 2554, Reste in Orange, Gelb und Rot meliert.
Ein Nadelspiel Nr. 2¹/₂.
Bündchenmuster: 1 M re, 1 M li im Wechsel stricken.
Glatt re: Hinr re M, Rückr li M, in Rd nur re M stricken.
Stickmuster: Im Maschenstich nach den Stickschriften (rechts) aufsticken. 1 Kästchen = 1 M.

Anleitung: 40 M in Rot anschlagen und 3 cm im Bündchenmuster str. Weiter glatt re 8 cm in Weiß, dann die Ferse in Rot, den Fuß in Weiß und die Spitze in Rot str. Die Herzen an die Seiten des Schafts sticken.

Kindersocken mit Streifen

Größe: 28/29.
Garn: Regia 4-fädig, je 50 g in Orange Nr. 628 und Gelb Nr. 612.
Ein Nadelspiel Nr. 2¹/₂.
Bündchenmuster: 1 M re, 1 M li im Wechsel stricken.
Glatt re: Hinr re M, Rückr li M, in Rd nur re M stricken.
Streifenfolge: 6 Rd in Orange und 3 Rd in Gelb im Wechsel stricken.

Anleitung: 52 M in Orange anschlagen, 2 cm im Bündchenmuster str, dann glatt re in der Streifenfolge arbeiten. In 13 cm Höhe, nach 3 Rd in Orange, Ferse und Käppchen in Orange str, dann in der Streifenfolge weiterarbeiten. Die Spitze in Orange arbeiten.

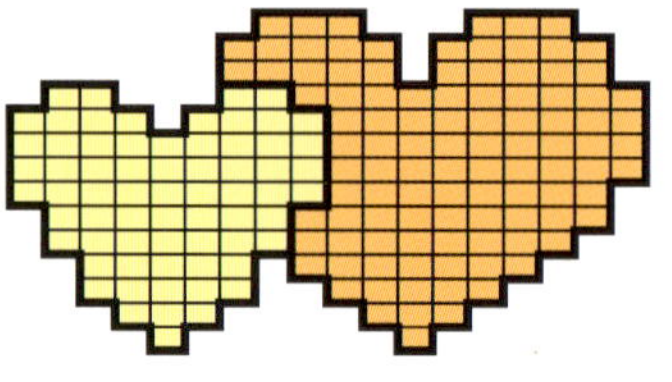

Kindersöckchen mit Lochstreifen

Größe: 24/25.
Garn: Regia 4-fädig, je 50 g in Rot Nr. 2054 und Orange Nr. 628.
Ein Nadelspiel Nr. 2¹/₂.
Glatt re: Hinr re M, Rückr li M, in Rd nur re M stricken.
Lochmuster: M-Zahl teilbar durch 2.
1. Rd in Orange: * 2 M re zusammenstr, 1 Umschlag, ab * wiederholen.
2. bis 4. Rd Orange: Re stricken.
5. Rd in Rot: Wie die 1. Rd stricken.
6. bis 10. Rd in Rot: Re stricken.
Die 1. bis 10. Rd stets wiederholen.

Anleitung: 48 M in Rot anschlagen und 2,5 cm re M str. Danach 50 Rd im Lochmuster arbeiten. Dann den Fuß glatt re in Rot beenden.

Kindersöckchen im Rippenmuster

Größe: 24/25.
Garn: Regia 4-fädig, je 50 g in Royalblau Nr. 540, Neongrün Nr. 626, Orange Nr. 628 und Neongelb Nr. 625.
Ein Nadelspiel Nr. 2¹/₂.
Rippenmuster: 2 M re, 2 M li im Wechsel stricken.
Glatt re: Hinr re M, Rückr li M, in Rd nur re M stricken.

Anleitung: Die M in Neongrün anschlagen und im Rippenmuster 2 cm in Neongrün und 8 cm in Blau str, bei der 1. Nadel mit 1 M re, 2 M li beginnen. Ferse und Käppchen in Orange glatt re str. In Blau weiterarbeiten, über die M der 1. und 4. Nadel glatt re, über die M der 2. und 3. Nadel im Rippenmuster weiterarbeiten. Die Spitze in Neongelb re stricken.

Kindersöckchen mit Zackenstreifen

Größe: 22/23.
Garn: Regia 4-fädig, je 50 g in Orange Nr. 628 und Rot Nr. 2054.
Ein Nadelspiel Nr. 2¹/₂.
Glatt re: Hinr re M, Rückr li M, in Rd nur re M stricken.

Zackenmuster: M-Zahl teilbar durch 4. * 2 Rd Muster 1, 8 Rd in Rot, 2 Rd Muster 2, 8 Rd in Orange, ab * wiederholen.

Muster 1

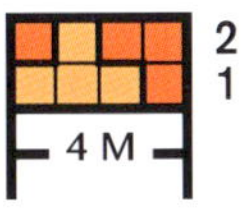

Muster 2

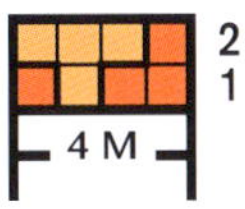

Anleitung: 44 M in Orange anschlagen und 4 cm re M str. Dann im Zackenmuster arbeiten. In 10 cm Höhe, nach 4 Rd in Rot, Ferse und Käppchen in Rot str. Weiter im Muster noch eine Zacke str, dann in Orange weiterarbeiten. 4 Rd vor der Spitze 2 Rd nach Schema 1 str, dann die Socke in Rot beenden.

Kniestrümpfe mit Lochmuster

Größe: 22/23.
Garn: Regia 4-fädig, 50 g in Rot Nr. 2054. Je ein Nadelspiel Nr. 2 und 2½.
Glatt re: Hinr re M, Rückr li M; in Rd nur re M stricken.
Lochmuster: Nach der Strickschrift str. 1 Kästchen = 1 M und 1 Rd.
Die 1. bis 4. Rd stets wiederholen.

Anleitung: Für das doppelte Bündchen 44 M mit Nadeln Nr. 2 anschlagen und 8 Rd re M str. Nun für die Mäusezähnchenkante im Wechsel 2 M re zusammenstricken und 1 Umschlag arbeiten. Weitere 8 Rd re str. In der folgenden Runde jeweils 1 M der Nadel mit 1 M des Anschlags re zusammenstricken, bei der 4. Nadel die letzten 3 M nur von der Nadel abstricken. Nun mit Nadeln Nr. 2½ weiter 12 cm im Lochmuster stricken, dann Ferse und Käppchen arbeiten. Für den Fuß über die 1. und 4. Nadel glatt re, über die 2. und 3. Nadel im Lochmuster arbeiten. Die Spitze glatt re stricken.

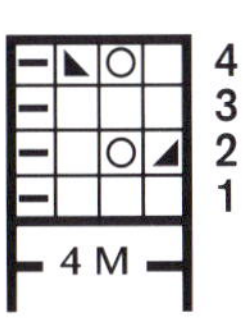

Strickschrift für das Lochmuster

□ = re M
⊟ = li M
◎ = Umschlag
◪ = 2 M re zusammenstricken
◩ = 1 M re abheben, 1 M re str und die abgehobene M überziehen

Melierte Babysöckchen

Größe: 20/21.
Garn: Regia 4-fädig, je 50 g in Rot meliert Nr. 1937 und Blau Nr. 540. Ein Nadelspiel Nr. 2½.
Bündchenmuster: 1 M re, 1 M li im Wechsel stricken.
Glatt re: Hinr re M, Rückr li M, in Rd nur re M stricken.
Rhomben: M-Zahl teilbar durch 4.
1. Rd: * 2 M in Rot meliert, 1 M in Blau, 1 M in Rot meliert, ab * wiederholen.
2. Rd: * 1 M in Rot meliert, 3 M in Blau, ab * wiederholen.
3. Rd: Wie die 1. Rd stricken.

Anleitung: 40 M in Blau anschlagen und 6 cm im Bündchenmuster str. Weiter glatt re 6 Rd in Meliert, 2 Rd in Blau, 2 Rd in Meliert, 3 Rd Rhombenmuster und 6 Rd in Meliert str. Dann Ferse und Käppchen in Blau str. Weiter 20 Rd in Meliert, 3 Rd Rhombenmuster, 2 Rd in Meliert, 2 Rd in Blau und 2 Rd in Meliert str, dann die Spitze in Blau arbeiten.

Söckchen mit Rippen

Größe: 24/25.
Garn: Regia 4-fädig, 50 g in Mais Nr. 621. Ein Nadelspiel Nr. 2½.
Bündchenmuster: 1 M re, 1 M li im Wechsel stricken.
Rippenmuster: M-Zahl teilbar durch 4. 3 M li, 1 M re im Wechsel str; das Muster bei der 1. Nadel mit 1 M li, 1 M re beginnen.
Glatt re: Hinr re M, Rückr li M, in Rd nur re M stricken.

Anleitung: 48 M anschlagen, 8 cm im Bündchenmuster, dann im Rippenmuster str. In 14 cm Höhe Ferse und Käppchen glatt re str, dann über die M der 1. und 4. Nadel glatt re, über die M der 2. und 3. Nadel im Rippenmuster arbeiten. Die Spitze glatt re stricken.

Hüttenschuhe

Genau das Richtige, wenn's draußen kalt und ungemütlich ist: bequeme Hüttenschuhe für drinnen. Ganz typisch mit Jacquardsternen, damit halten sie doppelt warm. Die vorgelochten Ledersohlen mit Einlage gibt es im Fachhandel.

Tipp
So wird das Annähen der Sohle einfach: Ziehen Sie Jemandem die Socke an und stecken Sie die Sohle mit langen Stecknadeln an der Socke fest. Dann die Socken ausziehen und die Lage der Nadeln bei Bedarf etwas korrigieren. Beim Annähen (am besten im Kreuzstich) die Nadeln nach und nach herausziehen.

Hüttenschuhe in Pink/Weiß

Größe: 25/26.
Garn: Regia 6-fädig, je 50 g in Pink Nr. 2017 und Weiß Nr. 600.
Ein Nadelspiel Nr. 3¹/₂.
Bündchenmuster: 1 M re, 1 M li im Wechsel stricken.
Glatt re: Hinr re M, Rückr li M, in Rd nur re M stricken.
Jacquardmuster: Glatt re nach der Strickschrift str. 1 Kästchen = 1 M. Die 1. bis 14. Rd stets wiederholen, die letzten R der Zeichnung gelten nur für die Spitze.
Pünktchenmuster: Je 1 M in Pink und Weiß im Wechsel str, das Muster in jeder Rd versetzt arbeiten.
Maschenprobe: Im Jacquardmuster: 25 M und ca. 26 Rd = 10 x 10 cm.

Anleitung: 40 M in Pink anschlagen und 6 cm im Bündchenmuster str. Im Grundmuster weiterarbeiten = 2x der Rapport von 20 M. Dabei in der rückwärtigen Mitte mit der 1. Nadel beginnen. Nach 14 Rd die Ferse über 19 M (die M zwischen den senkrecht durchgehenden pinkfarbenen M) in Pink str = je 6 M für die Seiten und 7 M für das Käppchen (siehe auch Seite 11). Weiter über die M der 2. und 3. Nadel im Jacquardmuster, über die M der 1. und 4. Nadel im Pünktchenmuster str. Nach 28 Rd die letzten 4 Rd der Zeichnung arbeiten, dabei in der 2. Rd die Spitze beginnen. Dafür die durchgehende pinkfarbene M mit der davor liegenden M zusammen rechts abheben, die folgende M str und die abgehobenen M überziehen. Diese Abnahmen in jeder 2. Rd 2x, dann in jeder Rd arbeiten, die letzten 8 M mit dem Arbeitsfaden fest zusammenziehen. Die Sohle annähen.

Strickschrift für das Jacquardmuster

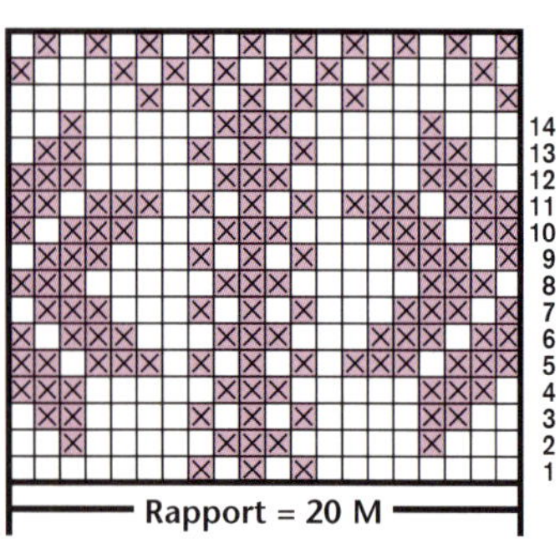

Muster 1

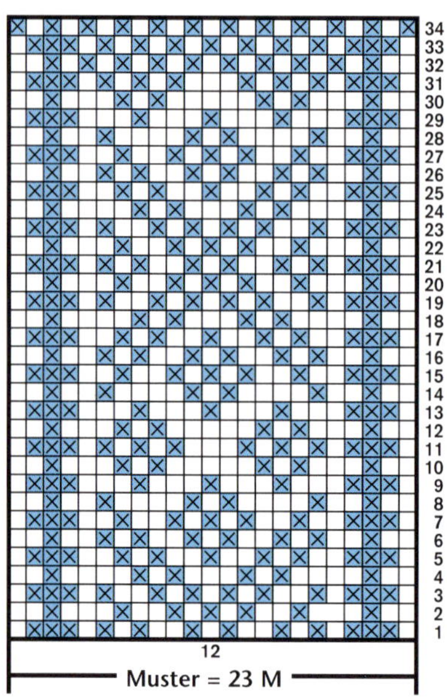

Hüttenschuhe in Blau/Weiß

Größe: 38/39.
Garn: Regia 6-fädig, je 100 g in Blau Nr. 614 und Weiß Nr. 600.
Ein Nadelspiel Nr. 3¹/₂.
Bündchenmuster: 1 M re, 1 M li im Wechsel stricken.
Glatt re: Hinr re M, Rückr li M, in Rd nur re M stricken.
Jacquardmuster: Glatt re nach der Strickschrift str. 1 Kästchen = 1 M. Dabei mit der 1. Nadel in der rückwärtigen Mitte beginnen.
Die 1. bis 20. Rd 3x str, dann die 21. bis 34. Rd str = 74 Rd.
Pünktchenmuster: Je 1 M in Blau und Weiß im Wechsel str, das Muster in jeder Rd versetzt arbeiten.
Maschenprobe: 25 M und ca. 26 R bzw. Rd = 10 x 10 cm.

Anleitung: 56 M in Blau anschlagen und 8 cm im Bündchenmuster str. Weiter glatt re im Jacquardmuster, dabei mit der 1. Nadel (= rückwärtige Mitte) beginnen und wie folgt str: die 12. bis 23. M von Muster 1, 5 M Muster 2, 23 M Muster 1, 5 M Muster 2, die 1. bis 11. M von Muster 1. Nach 13 cm (31 Rd) die Ferse in Blau str. Weiter über die mittleren 23 M des Oberfußes (2. und 3. Nadel) im Muster 1, über die M beidseitig davon im Pünktchenmuster str. Nach insgesamt 74 Rd im Muster 1 die Spitze wie bei der Socke in Pink/Weiß beschrieben str. Die Sohle annähen.

Muster 2

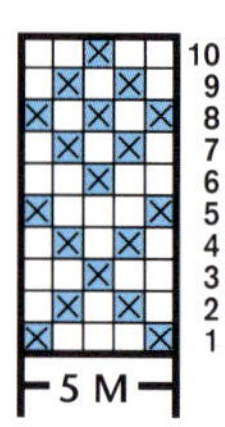

Einfach bestrickend ...

urania

Katharina Buss
Stricken von Kopf bis Fuß
Socken, Mützen, Schals und Handschuhe selber stricken
96 Seiten, über 150 farbige Abbildungen
ISBN 3-332-01074-3

Katharina Buss
Das große Strickbuch
240 Seiten, 650 farbige Fotos und 120 farbige Zeichnungen
ISBN 3-332-01434-x

Anita Avesani Haegeli
Alles fürs Baby
Stricken und Häkeln für die Kleinsten
64 Seiten, 111 Abbildungen
ISBN 3-332-01314-9

Ute Hammond
Das Strickbuch für Einsteiger
Mit System zum Erfolg
64 Seiten, 100 farbige Abbildungen
ISBN 3-332-01458-7

www.urania-verlag.de